101 Dinge, die ein
echter Borussia-Dortmund-Fan
wissen muss

Felix Meininghaus

101 Dinge
die ein echter
Borussia
Dortmund
Fan wissen muss

Inhalt

Vorwort

Freitag, der 17. September 1976. Ein kühler und nebliger Herbstabend, unter Flutlicht empfängt Borussia Dortmund Hertha BSC Berlin. Fast 50.000 Besucher im Westfalenstadion verbreiten eine mitreißende Atmosphäre. Es ist der sechste Spieltag der noch jungen Saison, im Revier herrscht nach dem Wiederaufstieg des BVB in die erste Liga echte Aufbruchstimmung und überschäumende Euphorie.

Ich bin 14 Jahre jung, es ist mein erster Besuch im schönsten Stadion der Republik – und eben jener wird mein weiteres Leben prägen. Alles, was um mich herum passiert, sauge ich auf wie ein Schwamm das Wasser: das satte Grün des Rasens, das funkelnde Licht, die schwarz-gelben Trikots, die Fangesänge, das Raunen bei einer Chance, der Geruch von Bratwurst und Zigaretten.

Borussia gewinnt 2:1, Erwin Kostedde und Burkhard Segler treffen für unsere Jungs – aber das gerät glatt zur Nebensache ob all der Eindrücke, die sich mir bieten. In meinem Kopf habe ich meine damalige Premiere in Dortmund abgespeichert wie ein Video, das ich bei Bedarf bis heute abspielen kann. Danach war klar: Da musst du wieder hin. Immer wieder. Seit mehr als 40 Jahren. Zuerst als Fan auf der Süd, seit geraumer Zeit als Journalist auf der Pressetribüne.

Irgendwann interessierst du dich für das, was in diesem Verein vor deiner Zeit passiert ist. Du stößt auf Geschichten von Spielern, die auf dem Kohlewagen nach Berlin fahren, weil sie die Abreise verpennt haben. Oder auf Schäferhunde, die Schalker Spielern beim Revierderby in den Allerwertesten beißen.

Doch auch im Hier und Jetzt ereignen sich kuriose, witzige, berührende und historische Ereignisse, die es wert sind, festgehalten zu werden. Besonders am Herzen liegen mir die Geschichten all der Bekloppten, die den BVB begleiten. Es sind Menschen wie Bruno Reckers, Michael Budde, Andre Arendsee und Petra Meschke, die diesen Verein einzigartig machen. Genau wie die Fanabteilung, deren Engagement gegen Rassismus vorbildlich ist.

Das alles ergibt 101 Anekdoten, die man als Fan von Borussia Dortmund einfach kennen muss. Wobei dieser Klub seit dem Jahre 1909 ja noch so viel mehr Geschichten geschrieben hat. Und schreiben wird. Ich freu mich auf jede weitere ...!

Felix Meininghaus

Am Borsigplatz geboren

Der Gründungsmythos des BVB

1

Wer sich für die Wurzeln des Ballspielvereins Borussia 09 e.V. Dortmund interessiert, dem sei der Dokumentarfilm „Am Borsigplatz geboren – Franz Jacobi und die Wiege des BVB" wärmstens ans Herz gelegt. In dem 90-minütigen Streifen, der 2015 in vielen Programmkinos gezeigt wurde, spüren die drei Filmemacher Marc Quambusch, Gregor Schnittker und Jan-Henrik Gruszecki die Gründungsväter des Traditionsclubs im Ruhrgebiet auf. Im Mittelpunkt: Franz Jacobi, der wichtigste Mann in der frühen Klubhistorie.

Das Geld (insgesamt stolze 260.000 Euro) für das ehrgeizige Projekt, das der „Kicker" in seiner Film-Rezension als „Lehrstück mit viel Erzählkraft ohne zu dick aufgetragenes Pathos" bezeichnete, sammelte das Trio mittels einer Crowdfunding-Aktion zusammen.

Der Kaplan und die „Fußlümmelei"

Die Gründungsgeschichte des BVB verlief spannend wie ein Krimi: Die fußballbegeisterten Männer der ersten Stunde mussten sich 1909

Gruss aus Restaurant zum Wildschütz, Dortmund
Besitzer Heinr. Trott

Geburtsstätte des BVB: der „Wildschütz"

Heimat: der Borsigplatz

gegen die katholische Kirche durchsetzen. Der strenge Kaplan Hubert Dewald lehnte im Dortmunder Arbeiterviertel die – von ihm verteufelte – „Fußlümmelei" strikt ab und versuchte, das sonntägliche Fußballspielen von Mitgliedern seiner Jugendgruppe zu unterlaufen, indem er die Jungs verpflichtete, neben der obligatorischen Vormittagsmesse auch die Nachmittagsmesse zu besuchen. Die jungen Männer ließen sich jedoch nicht von ihrem Plan abhalten, einen Fußballverein zu gründen.

Am 19. Dezember 1909, dem vierten Adventssonntag, trafen sich etwa 50 Mitglieder der Sodalität in einem Nebenraum der in unmittelbarer Nähe zum Borsigplatz gelegenen Gaststätte „Wildschütz", um über die Gründung eines von der Kirche unabhängigen Vereins zu beraten. Während des Treffens wurde heftig über die Trennung von der Gemeinde debattiert, eine Reihe der Teilnehmer verließ die Sitzung und informierte Kaplan Dewald über die bevorstehende Gründung des Vereins. Dieser traf wenig später erzürnt vor der Gaststätte ein, um die Sitzung aufzulösen – der Zutritt wurde ihm jedoch verweigert. Die 18 verbliebenen Personen gründeten noch am selben Abend den Ballspielverein Borussia 09 e.V. Dortmund.

Anekdote am Rande

Als Gruszecki bei den Recherchen zu seinem Film erfuhr, dass der „Wildschütz" zwangsversteigert werden sollte, schlug er zu. Nun wohnt er mit seiner Familie in dem Haus, in dem die Borussia vor nunmehr einhundertzehn Jahren gegründet wurde. „So manches Mal, wenn ich die Haustür aufschließe, denke ich: ‚Das ist schon krass. Du lebst in einer historischen Immobilie.'"

Die Weiße Wiese

Erste Spielstätte

2

Weiße Wiese, Rote Erde und das Westfalenstadion: Das sind die drei Spielstätten, in denen Borussia Dortmund in seiner gut 110-jährigen Vereinsgeschichte angetreten ist. Von einem Sportplatz ohne Tribünen bis zu einer der größten europäischen Arenen, die mehr als 80.000 Zuschauern Platz bietet.

Die Weiße Wiese war die erste Spielstätte des BVB. Sie befand sich im Norden der Stadt nahe des Borsigplatzes und der Hoesch-Hüttenwerke. Der Name des Platzes geht auf die von angrenzenden Pappeln im Frühjahr abgeworfenen Blüten zurück, die das Spielfeld in eine „weiße" Wiese verwandelten. 1924 wurde der Sportplatz ausgebaut, das Stadion hatte nun eine Kapazität von 10.000 Plätzen. Als die Nationalsozialisten 1937 ihre Kriegsvorbereitungen vorantrieben und die Expansion der Hoesch AG forciert wurde, musste der Verein das Gelände der Weißen Wiese verlassen und zog in die, südlich der Innenstadt gelegene, Kampfbahn Rote Erde. In deren Nachbarschaft wurde 1974 das Westfalenstadion erbaut.

Die erste Heimat: Weiße Wiese

Teil des Gründungsmythos

3

Die Dreifaltigkeitskirche

Eine Kirche, in der ein Fußballverein eine Dauerausstellung hat. Das gibt es nur in der Dortmunder Nordstadt. „Kirche, Fußball, Gottvertrauen" lautet der Titel, und bereits seit 2008 wird der Wurzeln gedacht, die Borussia Dortmund in jenem Gotteshaus hat. Nahe des Borsigplatzes entschlossen sich junge Männer, Fußball zu spielen und einen Verein zu gründen. Ihren Willen setzten sie gegen den Widerstand des Kaplans Hubert Dewald durch. Die Grabenkämpfe sind längst ausgefochten, heute ist die Gemeinde stolz darauf, dass ihre Kirche Teil des Gründungsmythos der Borussia ist. Vor großen Spielen werden hier Gottesdienste abgehalten, die um 19.09 Uhr beginnen, in denen schwarz-gelbe Kerzen angezündet und Gebete nach oben geschickt werden. Die Menschen erscheinen in Trikots, von der Orgelempore herab hängt eine mächtige BVB-Fahne. Immer wieder wird Fußball in die Nähe von Religion gerückt, und hier kann man erleben, was damit gemeint ist. Menschen berichten, wie ergreifend die Stimmung ist. Spätestens, wenn „You'll never walk alone" intoniert wird, fließen Tränen.

Hier fließen Tränen: die Dreifaltigkeitskirche

August Lenz

Der erste Nationalspieler des BVB

4

Am 28. April 1935 trat Deutschland zum Länderspiel gegen Belgien an. Für die Geschichte von Borussia Dortmund ist das Datum insofern wichtig, weil August Lenz als Mittelstürmer auflief und damit zum ersten Nationalspieler der Schwarz-Gelben wurde. Das Spiel wurde mit 6:1 gewonnen und Lenz schoss zwei Tore. Nicht nur deshalb wurde dieser Mann zu einer der größten Legenden der Vereinsgeschichte.

Als Lenz 1922 zur Borussia kam, hatte der junge Bursche bis dato lediglich auf der Straße gekickt. So kam es, dass er sich anfangs mit der Rolle des Torwarts begnügen musste. Nachdem er beim BVB dann Fuß gefasst hatte, ergab es sich, dass er im Angriff aushelfen musste – denn der etatmäßige Mittelstürmer Hannes Jakubowitz fiel urplötzlich aus. Lenz gelangen bei seinem Debüt gegen den TBV Mengede Tore am Fließband, das Spiel endete 14:0. Es gibt Quellen, die von sieben Lenz-Treffern berichten, andere wiederum sprechen von neun oder sogar elf erzielten Toren. Wie auch immer: Ein Star war geboren. Kein Wunder also, das August Lenz bis zum Ende seiner großen Karriere Mittelstürmer blieb.

Eigentlich zu gut für den Verein

Dieser Mann verkörperte die Borussia während seiner Laufbahn – und auch danach – wie kaum ein anderer. Der erste Nationalspieler, den der BVB hervorbrachte, war damals der alles überstrahlende Repräsentant des Vereins. „Wenn wir ein wichtiges Spiel hatten", erinnerte sich

„Aki" Schmidt, Nationalspieler der 1960er-Jahre, „kam August Lenz in die Kabine und wünschte uns alles Gute. Und wir standen stramm." Zu jener Zeit hatte Lenz seine Karriere längst beendet und führte die „Sportlerklause" am Borsigplatz. Eben dort, wo das Herz der Borussia schlägt. Hier hatte August Lenz seine Wurzeln, hier blieb er Zeit seines

August Lenz wird geehrt.

Vor Beginn einer Erfolgsära: der BVB in den 1930er-Jahren

Lebens. Nicht nur am Ball, sondern auch, wenn er hinter dem Tresen am Zapfhahn stand, war dieser Mann eine imposante Erscheinung. Vor ihm hatten alle Respekt, sein Wort war Gesetz. Nach den Generalversammlungen des BVB sprach Lenz das Schlusswort und stimmte das Vereinslied an.

Die Klublegende war ein Mittelstürmer, wie er im Buche steht: Ein Brecher, der den Ball mit so urwüchsiger Kraft versenkte, dass die gegnerischen Verteidiger sicherheitshalber in Deckung gingen. Auch deshalb nannten sie ihn „August der Starke". Sein vielleicht größtes Spiel für die Borussia machte Lenz 1947, als der BVB sich zum ersten Mal die Westfalenmeisterschaft sicherte. Im Endspiel gegen den Rivalen aus Schalke, der bis dato im Revier als unumschränkter Souverän regierte, beorderte der Trainerfuchs Ferdinand Fabra seinen Mittelstürmer ins Mittelfeld, um den berühmten „Schalker Kreisel" zu stören. Dieser Schachzug war der Schlüssel für jenen historischen Sieg, der die Wachablösung einleitete.

In Dortmund wusste jeder, dass August Lenz zu einer Zeit, als die Borussia noch nicht für große Titel infrage kam, eigentlich viel zu gut war für diesen Verein. Doch den Lockrufen der zahlungskräftigen Klubs aus dem In- und Ausland hat er stets widerstanden. So sollte Lenz 1938 zum damaligen Branchenprimus Schalke 04 wechseln. Die königsblaue Legende Ernst Kuzorra bedrängte Vereinspräsident Fritz „Papa" Unkel, den Wechsel in die Wege zu leiten. Unkel entgegnete Kuzorra: „Eher gehst Du zur Borussia, als dass der Lenz den Borsigplatz verlässt."

Am Ende seiner großartigen Karriere hatte August Lenz über tausend Spiele für den BVB bestritten. Weshalb er seinem Klub ein ganzes Leben lang treu geblieben ist, erklärte er den „Ruhr-Nachrichten" während einer Zapfpause mit unnachahmlichem Pathos: „Ich hätte niemals gehen können. Ich liebe Dortmund, den Borsigplatz und meine Borussia."

Max Michallek

Auf dem Kohlewagen zum Spiel

5

Max Michallek war nicht nur ein begnadeter Fußballer, sondern zudem ein Mann, der selbst dann liebend gern um die Häuser zog, wenn kurz darauf wichtige Spiele anstanden. Und weil das so war, bescherte er Borussia Dortmund eine der schönsten Anekdoten in der nunmehr einhundertzehnjährigen Vereinsgeschichte.

1949 war Michallek vor dem Vorrundenspiel um die Deutsche Meisterschaft beim BSV 92 Berlin mal länger aus gewesen und hatte am nächsten Morgen die Abfahrt seiner Mannschaft verschlafen. Er eilte also zum Bahnhof und bekam dort die Auskunft, es gebe zwar noch eine Verbindung, allerdings nur noch einen Güterzug – um diese jedoch nutzen zu dürfen, müsse er auf der Fahrt als Heizer arbeiten. Michallek ließ sich nicht lange bitten und schippte fleißig Kohlen. Weil die BVB-Funktionäre an der Interzonengrenze Bescheid gesagt hatten, passierte Michallek ungehindert den russischen Kontrollpunkt. Die sowjetischen Offiziere verkündeten: „Du Fußballer Michailow. Du weiterfahren." Es funktionierte, rußgeschwärzt sprang Michallek schließlich in Berlin von der Lokomotive, der Einsatz hatte sich gelohnt.

Der Instinktfußballer

Als er zur Mannschaft stieß, sah er aus wie ein Kumpel nach der Schicht unter Tage. Es gab ein großes Hallo und jede Menge Sprüche seiner Kollegen, doch das ließ den Ur-Dortmunder kalt: Am nächsten Tag war Michallek beim 5:0-Sieg des BVB nicht nur der überragende Mann auf dem Platz, sondern steuerte auch noch drei Treffer bei.

Ehre, wem Ehre gebührt

Max Michallek gehört ohne Zweifel zu den Legenden von Borussia Dortmund, ohne die der BVB nicht der Klub wäre, der er heute ist. Ein Leben lang in Schwarz-Gelb, Deutscher Meister 1956 und 1957 und ein echtes Original. Menschen, die ihn nicht haben spielen sehen, werden bis heute an diesen besonderen Fußballer erinnert: In der Nähe des Trainingszentrums in Brackel gibt es die Max-Michallek-Straße. Sie liegt südlich der Trainingsplätze, ein passender Ort.

In Dortmund nannten sie den ungemein beliebten Michallek „Spinne", weil er mit seinen langen, dürren Beinen jeden Ball abfing, der in seine Nähe kam. Michallek war begnadet, ein Instinktfußballer, der seiner Zeit um etliche Jahre voraus war: Er beherrschte die Raumdeckung, lange bevor dieser Begriff erfunden worden war. Unglaublich, dass solch ein Ausnahmekönner nie für die Nationalmannschaft spielte. Doch Bundestrainer Sepp Herberger weigerte sich standhaft, den Mittelläufer zu nominieren: Wenn er einen solchen Spieler einlade, werde er ihm nicht noch eine Schachtel Zigaretten und ein Glas Cognac ans Bett stellen – da lasse er es lieber gleich ganz bleiben. So die Begründung des prinzipientreuen DFB-Coaches.

Dem Status als Dortmunder Volksheld tat dies indes keinen Abbruch. Die Menschen liebten Max Michallek. Weil er ein außerordentlicher Spieler war und Zeit seines Lebens einer aus dem Volk blieb. Immer wieder schlug er hoch dotierte Angebote aus. Anfang der 1960er-Jahre ließ er die „Ruhr Nachrichten" wissen: „Ich brachte es nicht übers Herz. Nein und abermals nein! Am Borsigplatz ist es doch am schönsten." Und nach dem grandiosen Finale gegen den HSV und dem Gewinn der Deutschen Meisterschaft 1957 ver-

Ein Künstler auf dem Platz und im Leben: Max Michallek

öffentlichte das „Sport Magazin" folgendes Zitat vom Dortmunder Lebemann und Unikum: „Nun wird unser Trainer Helmut Schneider wohl nichts dagegen haben, dass ich auch wieder einmal etwas Gerstensaft genieße. Wie ich mich darauf freue!"

Das erste Trikot

Blau-weiß mit roter Schärpe

6

Die Gründerzeit von Borussia Dortmund hält viele Mythen bereit. So soll die Wahl auf den Namen „Borussia" nicht etwa – wie zu Beginn des 20. Jahrhunderts üblich – aus patriotischen Gründen gefallen sein. Die Legende besagt, es handelte sich um einen Zufall: Als man im Hinterzimmer der Gaststätte „Wildschütz" zusammensaß und über den richtigen Vereinsnamen grübelte, soll einer der Vereinsgründer, Franz Jacobi, seinen Blick auf die Wand gerichtet haben, an der ein Emailleschild der Brauerei Borussia angebracht war, die sich in der Steigerstraße nahe des Borsigplatzes befand, und ihr Bier im „Wildschütz" ausgeschenkte. Da keine besseren Vorschläge existierten, entschieden sich die Gründungsväter für den Namen der Brauerei.

Kurios wirken aus heutiger Sicht auch die ersten Farben des BVB: Die Spielkluft anno 1911 bestand zunächst aus einem blau-weißen Trikot und einer schwarzen Hose. Über dem längsgestreiften Hemd trugen die Spieler eine rote Schärpe, mit der sie ihre Solidarität mit der Arbeiterbewegung kundtaten. Erst ab Februar 1913 liefen die Borussen in den Farben auf, die den Fans seitdem ans Herz gewachsen sind: Schwarze Hosen und gelbe Hemden, wobei das Gelb der Trikots zitronenfarben war. Auf den Leibchen war zudem ein großes „B" zu sehen.

Falsche Farben: Das erste Trikot des BVB

Kein neues Phänomen

Die erste Finanzkrise gab es bereits 1928

7

Existenzielle Finanzkrisen sind keine Errungenschaft der Dortmunder Neuzeit. Dass der BVB bereits in den 1970er- und 1980er-Jahren ziemlich nackt dastand und 2003 nur durch einen enormen Kraftakt vor dem Bankrott gerettet werden konnte, ist hinlänglich bekannt – schließlich litt während des Überlebenskampfs die ganze Stadt. Doch bereits in den 1920er-Jahren – ein halbes Jahrhundert vorher also – schrammten die Borussen haarscharf am Konkurs vorbei.

Die Fan-Website „Schwatzgelb.de" beschreibt den Vorgang in ihrer Chronik der Vereinsgeschichte wie folgt: „Am 9. Mai 1929 mussten der Vorsitzende Busse und sein Vorgänger Schwaben zum Dortmunder Amtsgericht, um die Finanzlage des verschuldeten Vereins darzulegen. Durch den Umbau der ‚Weißen Wiese' und diverse Spielerkäufe belieh der damalige Präsident Schwaben im Jahr 1926 Versicherungspolicen mit 12.000 Reichsmark."

Die Not bezwingen

Dass diese Spielerkäufe gegen die DFB-Richtlinien verstießen und sogar einen Verbandsausschluss bedeutet hätten, ist nur eine Randbemerkung. Der BVB konnte die 12.000 Reichsmark nicht vertragsgemäß zurückkaufen. Im Herbst 1928 wurde die finanzielle Situation bekannt, und der Vorstand trat zurück. Allerdings blieb er kommissarisch bis Mai 1929 im Amt. Die Situation rettete Schwaben persönlich, indem er die 12.000 Reichsmark aus eigener Tasche zahlte und dadurch den Offenbarungseid abwendete.

Es ist also kein Alleinstellungsmerkmal der Dortmunder Führung der 1990er-Jahre, dass beim Bestreben nach Ruhm und Wachstum das notwendige betriebswirtschaftliche Gespür über Bord geworfen wurde. Das Geld mit beiden Händen auszugeben – verbunden mit der Gefahr, Schiffbruch zu erleiden – ist beim BVB also ein bekanntes Phänomen. Dazu kam in der Spielzeit 1928/1929 auch noch, dass die Mannschaft sich sportlich ebenso desolat präsentierte wie ihr Vorstand. In der zweiten Bezirksklasse, damals gerade mal die dritthöchste Liga, kamen die Schwarz-Gelben nicht über Rang sieben hinaus. Es sah nicht gut aus, doch damals wie heute gelang es der Borussia, sich aus der Notsituation zu befreien. Ein echtes Happy End am Borsigplatz!

Gegen Schalke

1947: Die Wende im Westen

8

Der 18. Mai 1947 markiert einen Meilenstein in der Historie von Borussia Dortmund: Der erste Sieg des BVB gegen den zuvor so übermächtigen FC Schalke 04 geht als „Wende im Westen" in die Fußballgeschichte des Ruhrgebiets ein. Schwarz-Gelb durchbrach die Dominanz von Königsblau und zog danach – Stück für Stück – am ungeliebten Rivalen vorbei.

Mit Helmut Bojara erinnert sich ein Zeitzeuge: „Schalke war damals mit ihrem Kreisel unantastbar, da kam keiner ran, doch dann kam das Finale um die Westfalenmeisterschaft, das in Herne im Stadion am Schloss Strünkede stattfand. Für die Knappen war das wie ein Heimspiel, weil das Stadion viel näher an Gelsenkirchen lag. Aber ein paar tausend Dortmunder sind da auch hingefahren. Ich war mit meinem Freund Günter Gräwing dort, wir sind da einfach mal auf gut Glück hingefahren. Schon auf dem Hinweg war so viel los, dass wir außen am Zug auf den Trittbrettern mitfahren mussten. Drinnen war es überfüllt, kein Quadratzentimeter war mehr frei. Im Grunde genommen war es lebensgefährlich, aber so kurz nach dem Krieg hat keiner gefragt."

Das Sensationsspiel

So abenteuerlich die Anreise war, so abenteuerlich entwickelte sich auch das Spiel. Dabei war der Ausgang dieses ungleichen Kräftemessens doch eigentlich klar. Lassen wir noch einmal Helmut Bojara zu Wort kommen: „Das Stadion war rappelvoll, mit über 30.000 Leuten ausverkauft. Es waren mehr Schalker als Dortmunder da, das lag ja nahe. Schalke war damals das, was Bayern München heute im deutschen Fußball ist. Der unumstrittene Marktführer. Zu dieser Mannschaft haben alle aufgeschaut. Als Dortmunder hatten wir natürlich Sympathien für Schwarz-Gelb, und wir hofften, dass der BVB dieses Finale gewinnen würde. Aber richtig daran geglaubt haben wir nicht. Es war nun mal so, dass am Ende immer Schalke oben war, und so schätzten wir auch dieses Mal die Lage ein."

Es kam anders: Bei strömendem Regen schlug die Borussia den haushohen Favoriten nach Treffern von Max Michallek, Heinrich Ruhmhofer und Herbert Sandmann mit 3:2. Es war eine echte Sensation, danach war im Revier nichts mehr wie vorher: Während der BVB im Fußballwesten die Herrschaft übernahm, konnte Schalke in den darauffolgenden Jahrzehnten nur noch ein einziges Mal die Deutsche Meisterschaft feiern. Das war 1958 und ist damit auch schon ein paar Tage her ...

Wurde ja auch mal Zeit: Der BVB schlägt Schalke.

Noch hat es nicht geklappt

1949: Das erste Endspiel um die Meisterschaft

9

Es gab in der Geschichte von Borussia Dortmund immer wieder die Gelegenheit, große Siege zu feiern: Deutsche Meisterschaften, Pokalsiege, die Triumphe im Europapokal der Pokalsieger und in der Champions League sowie als Krönung der Gewinn des Weltpokals 1997 in Tokio. Doch wo so viel Glanz erstrahlt, kommt es auch immer wieder vor, dass Endspiele verloren gehen.

So wie am 10. Juli 1949, als Borussia Dortmund antrat, um seine erste Deutsche Meisterschaft zu feiern. Der BVB hatte sich die Westdeutsche Meisterschaft mit großer Souveränität gesichert, erst acht Punkte dahinter kam Rot-Weiss Essen als Tabellenzweiter ins Ziel.

Auch danach gab sich das von Eduard „Edy" Havlicek trainierte Ensemble in Schwarz-Gelb keine Blöße: Der BVB gewann zunächst die Zonenmeisterschaft gegen den HSV mit 5:2 und qualifizierte sich erstmals für die Endrunde um die Deutsche Meisterschaft. Im Viertelfinale wurde der Berliner SV 92 im Berliner Olympiastadion klar mit 5:0 aus dem Weg geräumt. Mehr Mühe machte der 1. FC Kaiserslautern im Halbfinale: Nachdem das erste Halbfinale torlos geendet hatte, gewann der BVB das Wiederholungsspiel klar mit 4:1.

Eine Premiere

Zum ersten Mal in ihrer Vereinsgeschichte stand die Borussia damit im Endspiel um die Deutsche Meisterschaft. Ein großer Tag für das gesamte Revier, nach den gezeigten Leistungen ging der BVB als Favorit ins Spiel. Die Partie gegen den VfR Mannheim bleibt als „Hitzeschlacht von Stuttgart" in Erinnerung. Nach zweimaliger Führung durch Treffer von Herbert Erdmann gelang es den Dortmundern nicht, das Spiel zu entscheiden. Am Ende ging der dramatische Schlagabtausch unter extremen Bedingungen mit 2:3 nach Verlängerung verloren.

Doch nicht nur das Ergebnis sorgte für Ernüchterung. Auch sonst gab es herbe Verluste: Max Michallek beendete das Spiel mit lediglich einem Fußballstiefel, der begnadete Kämpfer Erich Schanko, der sich im größten Getümmel am wohlsten fühlte, büßte bei einem Luftkampf vier Zähne ein. Es heißt, seine Frau habe ihn nicht erkannt, als er nach Hause kam.

Übrigens: Die Dortmunder nahmen es ihren Lieblingen nicht übel, dass sie den Heimweg ohne Trophäe antraten. Im Gegenteil: Als die Spieler in ihre Stadt zurückkehrten, säumten 200.000 Menschen die Straßen und bereiteten der Mannschaft einen begeisterten Empfang. Verlierer, die wie Sieger gefeiert wurden. Sieben Jahre später hatte das Warten dann ein Ende.

Sondervorschau: So berichteten die Gazetten.

Historisch hohe Niederlagen

Das große Pech des Heinrich Kwiatkowski

10

Weltmeister 1954, WM-Vierter 1958, Deutscher Meister 1956, 1957 und 1963 mit dem BVB: Heinrich Kwiatkowski erlebte als Torhüter eine Karriere, auf die er wahrlich stolz sein durfte. Und doch bleibt von diesem Ausnahmekeeper in erster Linie in Erinnerung, dass er die wohl unglücklichste Nationalmannschafts-Karriere hinlegte, die es im deutschen Fußball gegeben hat.

Vier Länderspiele bestritt der gebürtige Gelsenkirchener, der – über die Stationen Schalke 04 und Rot-Weiss Essen – 1952 bei Borussia Dortmund gelandet war. Sein Pech: Er stand gleich bei zwei WM-Begegnungen zwischen den Pfosten, die für die DFB-Auswahl mit historisch hohen Nieder-

Ein Könner zwischen den Pfosten: Heinrich Kwiatkowski

lagen endeten. Zunächst taktierte Bundestrainer Sepp Herberger 1954 im Gruppenspiel gegen das Wunderteam aus Ungarn und ließ seine B-Elf auflaufen – das konnte nicht gutgehen. Die 3:8-Klatsche bedeutete eine Demütigung für Kwiatkowski, der als Ersatzmann von Toni Turek die undankbare Aufgabe hatte, ständig den Ball aus dem Netz zu holen. Herberger nahm die hohe Niederlage auf dem Weg zum Titel billigend in Kauf, um den späteren Finalgegner in Sicherheit zu wiegen.

„Heini Faust"

Vier Jahre später wurde es nicht besser: Erneut war Kwiatkowski ins deutsche Aufgebot gerutscht, dieses Mal als Vertreter von Stammtorhüter Fritz Herkenrath. Als das Halbfinale gegen Gastgeber Schweden

Großer Keeper mit kurzer Nationalmannschaftskarriere: Heinrich Kwiatkowski

verloren wurde, brachte der Chef im Spiel um Platz drei gegen Frankreich erneut die Reservisten ins Spiel, die gegen den Nachbarn chancenlos waren. Vor allem der alles überragende Just Fontaine, der mit 13 Treffern einen WM-Rekord für die Ewigkeit erzielte, war nicht zu stoppen. Der Stürmer von Stade Reims trieb die deutschen Verteidiger zur Verzweiflung, ihm allein gelangen vier Treffer. Der bedauernswerte Keeper stand hinter einer Abwehr, die nach dem dramatischen Halbfinal-Aus völlig ausgelaugt und demoralisiert war.

Kwiatkowski kassierte bei seinen zwei WM-Einsätzen also insgesamt 14 Tore, wofür er selbst am wenigsten konnte. Er war von Herberger zwei Mal geopfert worden. Der Dortmunder war so entnervt, dass er den Bundestrainer bat, ihn künftig nicht mehr zu berücksichtigen.

In Dortmund wurde Kwiatkowski dagegen zur Legende. Er war ein Torwart, dessen unaufgeregtes Auftreten vor allem auf hervorragendem Stellungsspiel und hoher Antizipationsfähigkeit basierte. Wo der Ball hinflog, war er meist schon zur Stelle. Zudem brachte ihm seine resolute Art, hohe Bälle zu klären, den Spitznamen „Heini Faust" ein. Kwiatkowski starb am 23. Mai 2008 in Dortmund.

Entscheidend is auf'm Platz

„Adi" Preißler, der beste Nicht-Nationalspieler

11

Selten hat ein größerer Stratege das Trikot von Borussia Dortmund getragen als Alfred Preißler. Zudem schenkte er dem Fußball eine seiner schönsten Weisheiten: „Grau ist im Leben alle Theorie – aber entscheidend is auf'm Platz."

Bis auf die beiden Jahre, in denen der Mann aus Duisburg bei Preußen Münster im berühmten „Hundertausend-Mark-Sturm" spielte, war „Adi" Preißler Kopf und Hirn des BVB. Hätte es Fritz Walter nicht gegeben, wäre diesem begnadeten Fußballer auch eine große internationale Laufbahn beschieden gewesen. Viele Experten glauben, Preißler hätte das deutsche Spiel bei der WM 1954 in der Schweiz als Regisseur gelenkt, wäre der „große Fritz" aus Kaiserslautern nicht unerreichbar gewesen. Dabei agierte Dortmunds Denker und Lenker mit dem Ehrenspielführer der

Gewohntes Bild: „Adi" Preißler jubelt.

Nationalmannschaft auf gleicher Augenhöhe. Schließlich leistete er nicht nur als Spielgestalter Überdurchschnittliches, sondern glänzte auch als Torschütze. „Als Kind", so BVB-Legende Alfred „Aki" Schmidt, „hat mich mein Vater ein Mal im Jahr mit ins Stadion Rote Erde genommen. Wenn ich Preißler gesehen hatte, habe ich nachts von ihm geträumt."

Klein und doch groß

Diese Technik, diese Eleganz, dieses strategische Geschick. Aber auch dieser Ehrgeiz. Der kleine Mann war einer, der das Spiel an sich riss, weil er es unbedingt gewinnen wollte. „Preißler hatte alles", sagt „Aki" Schmidt – nur keine Länderspielkarriere.

In Dortmund König:
„Adi" Preißler (links) als Kapitän

Dass er von Sepp Herberger permanent übergangen wurde, empfand der Ausnahmespieler als ausgesprochene Ungerechtigkeit: „Der Bundessepp war uns Spielern aus dem Fußballwesten nicht wohlgesonnen", pflegte er zu sagen, wenn er auf das leidige Thema angesprochen wurde. Als der BVB in einem Spiel um die Deutsche Meisterschaft – angeführt von einem überragenden „Adi" Preißler – den HSV mit 5:0 demontierte, animierte das den Chronisten der Zeitschrift „Fußball-Sport" zu einem bissigen Seitenhieb an die Adresse des Trainer-Gurus Herberger: „Schade, dass von diesem Gruppenspiel kein Lehrfilm aufgenommen wurde. Dann könnte ich mir alle Worte sparen und Ihnen, lieber Leser, diesen Film schicken und recht viel Vergnügen wünschen. Ist es nicht zum Lachen, dass von dieser Mannschaft kein einziger gut genug sein soll, in der Nationalelf zu spielen?"

Sein Glück hat Alfred Preißler in Dortmund gefunden, wo er zu einem der größten Idole der Vereinsgeschichte wurde. In Erinnerung geblieben sind nicht nur seine ungezählten fußballerischen Glanztaten, sondern auch die Sinnsprüche. Noch eine Kostprobe gefällig? „Dat Unterbewusstsein ist dort, wo der Mensch nix für kann." „Adi" Preißler verstarb am 15. Juli 2003 im Alter von 82 Jahren in seiner Geburtsstadt Duisburg.

Jockel Bracht

Der Ölprinz

12

Früher war es gang und gäbe, dass Fußballer Spitznamen verpasst bekamen: „Aki", „Adi", „Emma", „Sigi". Aber so einen schönen wie Helmut Bracht hatte keiner. „Ölprinz" riefen sie ihn in Dortmund.

Aber der Reihe nach: 1954 kam Bracht in die erste Mannschaft des BVB und trat dort in die Fußstapfen von niemand Geringerem als Erich Schanko. Ausgerechnet Schanko: Der Nationalspieler, der Volksheld, die Lichtgestalt. Bracht ließ sich nicht beirren und wurde selbst ein Großer. Der Dortmunder Junge, am Borsigplatz geboren und aufgewachsen, hatte schon in der Jugend für seine Farben gespielt. In der großen Ära der Borus-

Ölprinz in Aktion: Jockel Bracht

sia – vor Einführung der Bundesliga – gehörte Bracht zu den her-
ausragenden Persönlichkeiten.

Der „Kicker" bezeichnete ihn
blumenreich als „Schopenhauer
der gegenwärtigen Fußballgene-
ration". Neben Willi Burgsmüller war Bracht der Einzige, der bei
den drei Meisterschaften 1956,
1957 und 1963 dabei war. Er war
Teil des „Magischen Vierecks"
Schlebrowski-Bracht-Niepieklo-
Preißler, das die Gegner des BVB
in den 1950er-Jahren reihenweise
schwindelig spielte.

Hansdampf in allen Gassen:
Bracht war ein echter Charmeur.

Ein außergewöhnlicher Fußballer, der nicht ein einziges
Länderspiel bestritt. Er gehört beim BVB zur Garde der
vergessenen Nationalspieler. Immer wieder wurde Bundestrainer Sepp Herberger vorgeworfen, Ressentiments
gegenüber Spielern aus dem Revier zu pflegen. Viele Zeit-
zeugen vertreten die Überzeugung, die internationale
Karriere mancher Borussen wäre anders verlaufen, hätten
sie irgendwo südlich des Ruhrgebiets die Fußballschuhe
geschnürt.

„Jockel" Bracht ist auch so glücklich geworden, er war
kein Typ, der sich grämte. Im Gegenteil. Er war der gute
Geist der Mannschaft, ein fröhlicher Geselle, immer für
einen lockeren Spruch gut. „Ein Hansdampf in allen
Gassen", erinnert sich sein Mitspieler Theo Redder. Und
mit seinen schon früh grau melierten Haaren, sagt „Aki"
Schmidt, „hatte er bei den Frauen richtig gute Karten.
Und er war der Sonnenschein der Mannschaft, was anderes als gute Laune kannte der gar nicht."

Und damit zum Spitznamen: „Ölprinz" riefen sie
Bracht, nachdem der gelernte Mineralöl-Kaufmann die
General-Agentur der Deutschen Shell in Dortmund
übernommen hatte. Nach seiner Karriere blieb der
Ausnahmekicker dem BVB bis zu seinem Tod am 12.
Mai 2011 als Spielerobmann und Mitglied des Ältesten-
rates erhalten.

Echte Freunde halten zusammen

1956: Ein Streik drohte

13

„Echte Fründe ston zesamme", singen die Höhner in unver-wechselbarem Kölsch. Doch was im Rheinland gilt, hat im Ruhrgebiet erst recht Bedeutung. Gelebte Kameradschaft unter Kumpels. Als sich Borussia Dortmund 1956 anschickte, zum ers-ten Mal in der Vereinsgeschichte Deutscher Meister zu werden, hatte Erich Schanko seine besten Zeiten hinter sich.

Der Nationalspieler war 36 Jahre alt und spielte beim BVB schon länger nicht mehr die erste Geige. Aber er war als verdienter Spieler eine Kapazität. Während der Vorbereitung auf das Finale gegen den Karlsruher SC erfuhr der Altgediente am Endspielort Berlin von seiner Kündigung – jedoch nicht von seinem Arbeitgeber. Vielmehr rief ihn seine Frau an und sagte, sie habe gerade einen Brief geöffnet, in dem der Vorstand des BVB mitteile, der Vertrag werde nicht verlängert. Ein Prozedere, das Kapitän „Adi" Preißler und seine Kollegen aus dem Mannschaftsrat, Alfred Kelbassa und Heinrich Kwiatkowski, als wenig stilvoll einstuften. Sie teilten dem Vorstand des BVB mit, unter diesen Umständen verspüre das Team keine Lust, am nächsten Tag aufzulaufen. Die Spieler setzten den Funktionären kurzer-hand die Pistole auf die Brust. Und Schanko erhielt einen neuen Kontrakt.

Der zweite Nationalspieler

Schanko war ein Dortmunder Urgestein, der Dauerläufer aus dem Vorort Bövinghausen war nicht klein zu kriegen. Zum Markenzeichen des linken Läufers wurden dessen kleine Trippelschritte. Die Wiener Rund-funklegende Heribert Meisel, der eine besondere Schwäche für diesen Fuß-baller hatte, nannte ihn ein „Konditionswunder". Schanko sei hinter seinen Gegenspielern her, als hätten diese „ihre letzte Gasrechnung nicht bezahlt". Damit spielte Meisel auf Schankos Job bei den Dortmunder Stadtwerken an, für die der Abwehrrecke mit der hohen Stirn als Gasableser unterwegs war.

Erich Schanko war nach August Lenz der zweite Spieler des BVB, der in die Nationalelf berufen wurde. Allerdings war auch dieser Geschichte – wie die vieler anderer Dortmunder Spieler in der Ära Herberger – kein Happy-End beschieden: Als das Wunder von Bern Wirklichkeit wurde, stand Schanko nicht mehr im Kader. Beim BVB war seine Reputation dagegen so groß, dass die Spieler sogar mit Streik drohten, um für einen verdienten Mannschaftskameraden in die Bresche zu springen.

Erich Schanko (rechts) mit Weltmeister-Torhüter Toni Turek

1956 und 1957:

Meister in identischer Besetzung

14

Kwiatkowski, Burgsmüller, Sandmann, Schlebrowski, Michallek, Bracht, Peters, Preißler, Kelbassa, Niepieklo, Kapitulski. Elf Namen wie in Stein gemeißelt, elf Namen, die Fußball-Geschichte schrieben: 1956 und 1957 wurde Borussia Dortmund Deutscher Meister – in identischer Besetzung. Eine einmalige Leistung, die es vorher nie gegeben hatte und die es danach nie wieder gab. Der Rekord, den ganz Dortmund überschwänglich feierte, wurde zur persönlichen Tragik eines Mannes, der beim zweiten Endspiel gegen den Hamburger SV nicht auflaufen durfte: Alfred „Aki" Schmidt. Der Junge

Er musste sich gedulden: „Aki" Schmidt.

aus dem Dortmunder Stadtteil Berghofen lieferte im BVB-Trikot unge-
zählte überragende Spiele, doch wenn man den am 11. November 2016
verstorbenen Ausnahmekönner traf, berichtete er immer wieder von dem
einen Spiel, an dem er nicht teilnahm: Vor der Saison 1956/1957 war der
Sohn eines Stahlarbeiters zur Borussia gekommen und wie ein Komet am
deutschen Fußballhimmel erschienen.

Der Trainer geht voll ins Risiko

Supertalent, Jung-Nationalspieler – „Aki" Schmidt wurde als neuer
Star gefeiert. Und doch ließ ihn sein Trainer Helmut Schneider beim
Meisterschaftsfinale 1957 außen vor. Mit der Begründung, er wolle die
Schale mit der derselben Besetzung wie im Jahr zuvor gewinnen. Eine
historische Leistung, die zwar gelang, aber ein ungeheures Risiko bedeutete. Sogar nachdem die Sache gut gegangen war und der BVB durch das
4:1 über den HSV den zweiten Titel hintereinander holte, fragte die Zeitschrift „Der Fußball Sport": „War diese Personalentscheidung taktisch
richtig oder entsprang sie einer irrationalen Pietät?"

Schmidt war am Boden zerstört, er war in Tränen aufgelöst und saß auf
gepackten Koffern: „Ich war so gekränkt, ich dachte, ich halte es nicht
aus." Max Michallek und Alfred Preißler kamen ins Zimmer und stimmten Schmidt um. „Was sollte ich denn machen? Ich liebte die beiden, sie
waren doch meine Vorbilder." Bis zu seinem Tod konnte der Europapokalsieger von 1966 den Schmerz nicht vergessen. Wenn er über das
Finale von 1957 sprach, sagte er auch noch viele Jahre später: „Es tut
immer noch weh."

Das sagt Willi Burgsmüller

Drei Mal wurde Willi Burgsmüller mit Borussia Dortmund Deutscher Meister,
1956 und 1957 war er Teil jener Mannschaft, die Geschichte schrieb, weil sie
die Schale in identischer Besetzung holte, 1963 führte er seine Mannschaft
als Kapitän ins Endspiel. Dass „Aki" Schmidt beim Finale 1957 zuschauen
musste, kann Burgsmüller verstehen: „Wir waren eine gestandene Mannschaft aus alten, mittleren und jungen Spielern. Wir passten zusammen,
technisch und kämpferisch."

Als der BVB 1957 als Meister nach Dortmund zurückkehrte, konstatierte der
Sprecher der „Wochenschau": „Kein König, kein Kaiser konnte triumphaler
begrüßt werden."

Die drei Alfredos

Nein, kein Spaghetti-Western. Fußballgeschichte!

In den glorreichen 1950er-Jahren, als Borussia Dortmund 1956 und 1957 zwei Mal den Gewinn der Deutschen Meisterschaft in identischer Besetzung feierte, verfügte der Verein über ein Offensivtrio, das seinesgleichen suchte: Die „drei Alfredos". Kein Italo-Western, sondern eine echte Erfolgsgeschichte, die der Fußball im Ruhrgebiet schrieb.

Und das waren die Hauptdarsteller: Alfred Niepieklo, (geboren 11. Juni 1927 in Castrop-Rauxel, gestorben am 2. April 2014 ebenda) erzielte zwischen 1951 und 1960 in 200 Pflichtspielen 124 Tore. Darunter mehrere direkt verwandelte Ecken. Das ist eine höchst imposante Bilanz des zweifachen Deutschen Fußballmeisters, der jedoch nie Nationalspieler wurde. Niepieklo gehörte übrigens noch zur Spielergeneration, die nicht mit Luxuskarossen, sondern ganz bodenständig mit der Straßenbahn zum Stadion fuhr. Gern erzählte er davon, wie der Schaffner die Fahrgäste in Stoßzeiten bat, für den berühmten Stürmer zusammenzurücken: „Wenn Alfred nicht mitfährt, spielen die heute nicht."

Helden in Schwarz-Gelb: Preißler, Kelbassa, Niepieklo

Hunderttausend-Mark-Sturm

„Adi" Preißler hinterließ nicht nur bei Borussia Dortmund Spuren, sondern auch bei Preußen Münster, wo er Anfang der 1950er-Jahre im legendären „Hunderttausend-Mark-Sturm" auflief. Und zwar zusammen mit „Fiffi" Gerritzen, Rudi Schulz, „Jupp" Lammers und „Sigi" Rachuba. Dazu kamen noch Friedel Weghorst und ab 1952 Werner Erb. Die Bezeichnung geht auf einen Journalisten zurück, der den Wert dieser Offensivreihe beziffern wollte.

420 Treffer!

Alfred Kelbassa (geboren am 21. April 1925 in Buer, gestorben am 11. August 1988 in Dortmund), kam 1954 vom STV Horst Emscher zum BVB. Kelbassa wurde beim BVB in 214 Spielen eingesetzt, schoss 122 Tore und zählte ebenfalls zur Meistermannschaft von 1956 und 1957. Er war ein bulliger Mittelstürmer, über den sie sich in Dortmund erzählten, er könne so hart schießen, dass von Zeit zu Zeit das Tornetz reiße. Noch im hohen Fußballer-Alter von 33 Jahren berief ihn Sepp Herberger in das Aufgebot für die WM 1958 in Schweden. Pech für Kelbassa, dass er nicht an „Uns Uwe" Seeler vorbei kam. So blieb dem Dortmunder nur das Spiel um den dritten Platz, bei dem es gegen Frankreich eine herbe 3:6-Niederlage setzte.

Übrigens: Die Kollegen Niepieklo und Kelbassa verstanden sich nicht nur auf dem Rasen blendend, sondern auch privat. Sie verband eine enge Freundschaft, zwei ihrer Kinder schlossen den Bund fürs Leben, so dass die beiden Stürmer fortan auch bei Familienfesten in Erinnerungen schwelgen konnten.

Der dritte in diesem unvergleichlichen Trio war Alfred Preißler. „Adi", wie er überall genannt wurde, war zwar von Hause aus Spielgestalter, agierte also hinter den Spitzen. Doch der begnadete Techniker sah es beileibe nicht als seine einzige Aufgabe an, die Stürmer zu füttern, sondern suchte regelmäßig selbst den Abschluss. Seine Quote spricht für sich: In 270 Spielen für den BVB gelangen Preißler 174 Treffer. Unter dem Strich verewigten sich die „drei Alfredos" nicht weniger als 420 Mal in der schwarzgelben Torschützenliste – eine unglaubliche Quote. Nie wieder ist ein derart torgefährliches Trio für Borussia Dortmund aufgelaufen.

Preißler war ein Ausnahmekönner, der seine Qualitäten fast nur in seinen Vereinen vorführen konnte. In der Nationalmannschaft wurde er nur zwei Mal eingesetzt. Das war 1951 in den Länderspielen gegen Österreich und Irland. Auch als Trainer zeigte der Techniker Geschick: Preißler führte Rot-Weiß Oberhausen Ende der 1960er-Jahre in die Bundesliga.

Echte Liebe

Dortmunds Spieler kämpfen für ihre Frauen

16

Dass die Dortmunder Meistermannschaft von 1956 und 1957 durchaus selbstbewusst auftrat und sich von den Funktionären nicht herumschubsen ließ, wird in diesem Buch bereits in Kapitel 13 beschrieben.

Ähnlich resolut gingen Preißler, Michallek und Co. zur Sache, als ihre besseren Hälften geschützt werden mussten: 1956 hatte sich der BVB-Vorstand in den Kopf gesetzt, die Meisterfeier ohne die Spielerfrauen durchzuführen. Und das einzig und allein aus dem Grunde heraus, ein wenig Geld beim Bankett zu sparen. Eine echte Respektlosigkeit, doch da hatten die hohen Herren des Vereinspräsidiums erneut die Rechnung ohne ihre kickenden Angestellten gemacht.

Dortmund feiert – aber nicht ohne die Frauen.

Willkommen Borussia: Eine Stadt steht Kopf.

Eine Feier ohne Spieler?

Als der Dortmunder Tross nach dem gewonnenen Endspiel im Zug vom Endspielort Berlin, wo der BVB durch ein 4:2 über den Karlsruher SC gerade die erste Meisterschaft seiner Vereinsgeschichte gewonnen hatte, zurück in die Heimat fuhr, waren auch die Spielerfrauen dabei. Die Vorstellung, die Gattinnen könnten auch beim Empfang in Dortmund mit von der Partie sein, trieb dem wertkonservativen Vorstand den Schweiß auf die Stirn. Also ersann die Vereinsführung einen perfiden Trick. Im Sonderzug wurden die Spieler in den vorderen Abteilen platziert, die Damen hingegen im hinteren Zugteil. In Hamm sollte nun der letzte Waggon heimlich abgekoppelt werden.

Als die Spieler vom geplanten Wildwest-Manöver erfuhren, marschierten sie kurzerhand geschlossen nach hinten, auf die Abkoppelung wurde verzichtet, weil die Feier in Dortmund, wo die ganze Stadt auf ihre Lieblinge wartete, nicht nur ohne die Frauen, sondern auch noch ohne die Helden in Schwarz-Gelb hätte stattfinden müssen. Und das ging natürlich gar nicht. Wieder ein Punktsieg für eine Mannschaft, die nicht nur auf dem Rasen fußballerische Klasse zeigte, sondern auch noch charakterliche Stärke und Solidarität bewies.

Ohne Brille geht es auch

Herr Lindemann und die Eitelkeit

17

Hermann Lindemann war als Trainer bei so namhaften Vereinen wie Fram Reykjavik, Viktoria Aschaffenburg, Sportfreunde Siegen, FSV Frankfurt, Young Fellows Zürich und Hamborn 07 tätig. In der Bundesliga trainierte der am 23. Juli 2003 verstorbene Übungsleiter nur einen Verein: Borussia Dortmund.

Lindemann übernahm den Verein im Sommer 1969, führte ihn in der folgenden Saison auf Rang fünf und zog weiter zu Alemannia Aachen. Dass man dort ebenfalls in Schwarz und Gelb aufläuft, ist eigentlich nur eine Randnotiz, doch Lindemann dürfte es die Arbeit erleichtert haben. Denn dieser Trainer hatte einen Tick, den man auch ganz lapidar mit Eitelkeit umschreiben kann: Lindemann weigerte sich – trotz ärztlich attestierter Kurzsichtigkeit – dauerhaft eine Brille zu tragen. Damit nahm er in Kauf, nicht immer den nötigen Durchblick zu haben. Ein Umstand, der zu einem unvergesslichen Dialog zwischen Lindemann und einem Abwehrspieler des BVB führte: „Sagen Sie einmal, warum ist Ihr direkter Gegenspieler in der 85. Minute völlig freistehend vor unserem Tor zum Schuss gekommen?", fragte der Trainer. Die entwaffnende Antwort des Spielers: „Das war ein Elfmeter, Trainer!"

Wenn der Durchblick fehlt: Hermann Lindemann.

Das Jahr 1963

Letzter Meister vor Einführung der Bundesliga

Die mit Abstand gravierendste Entscheidung in der Saison 1962/1963 wurde in Dortmund getroffen. Allerdings nicht auf dem Rasen der Kampfbahn Rote Erde. Deutsche Fußball-Geschichte wurde im Goldsaal der, in unmittelbarer Nähe zum Stadion gelegenen, Westfalenhalle geschrieben.

Dort trafen sich die Delegierten zum DFB-Bundestag und fällten eine Entscheidung, die den nationalen Fußball-Kosmos für immer verändern sollte. Thema war die Einführung einer bundesweiten Bundesliga. Ein Schritt, der nicht nur für Bundestrainer Sepp Herberger überfällig war. Durch die Zersplitterung in regionale Ligen und die Ablehnung des Vollprofitums – so die Befürchtungen – drohte Deutschland in der internationalen Hierarchie durchgereicht zu werden. Zudem war der Leistungsunterschied in den einzelnen Oberligen so gravierend, dass die führenden Vereine erst ab der Endrunde wirklich gefordert waren.

Das Stürmerduo

Am Ende wurde die Einführung mit der großen Mehrheit von 103 zu 26 Stimmen beschlossen. Es war eine richtungweisende Entscheidung, die Bundesliga hat seit ihrer Einführung eine einzigartige Erfolgsgeschichte geschrieben. Es stand also fest, dass es nur noch einen Deutschen Meister nach dem traditionellen Modus geben würde. Der gab vor, dass die Erst- und Zweitplatzierten der vier Oberligen in zwei Vierergruppen die beiden Vereine ausspielten, die im Finale den neuen Titelträger ermittelten.

Für den BVB ging es schon mal schwungvoll los, im ersten Saisonspiel der Oberliga West wurde der TSV Marl-Hüls mit 11:1 abgeschossen. So souverän agierten die Dortmunder nicht durchgängig, aber sie konnten sich auf ihr kongeniales Torjägerduo Jürgen Schütz und Timo Konietzka verlassen, die zuverlässig trafen. Schütz wechselte nach der Spielzeit für die Rekordablösesumme von 600.000 Mark zum AS Rom nach Italien. Doch vorher half der begnadete Stürmer mit, als letzter Deutscher Meister vor der Zeitenwende verewigt zu werden. Die Punkterunde in der Oberliga West beendete der BVB hinter dem 1. FC Köln auf Rang zwei. Die Kölner waren am Ende auch der Endspielgegner, nachdem sich die Dortmunder in ihrer Gruppe gegen 1860 München, den Hamburger SV und Borussia Neunkirchen durchgesetzt hatten.

Das Finale am 29. Juni in Stuttgart bleibt als „Hitzeschlacht" in Erinnerung, die Treffer zum 3:1-Sieg gegen den 1. FC Köln schossen Kurrat, Wosab und Schmidt. Zur Mannschaft des BVB gehörten auch Willi Burgsmüller und Helmut Bracht, die bereits 1956 und 1957 bei den ersten beiden Meisterschaften der Borussia auf dem Platz gestanden hatten. Als die Dortmunder Helden in ihre Stadt zurückkehrten, wurden sie von 150.000 Menschen begeistert empfangen. Doch in den Jubel über den Gewinn der letzten Meisterschaft nach alter Zeitrechnung mischten sich auch verklärte Blicke. So schrieb der „Kicker": „Die Bundesliga wird sich anstrengen müssen, um die Endrunde vergessen zu machen, vor allem das Endspiel. Die Endrunde hatte ihre romantischen Seiten. Wir werden es spätestens merken, wenn es keine Endrunde mehr gibt. Das neue Fußballzeitalter dürfte ungleich nüchterner sein." Ein Standpunkt, der in Windeseile von der Realität überholt wurde. Ein Leben ohne Bundesliga ist in Deutschland für Fußballfans seit Generationen schlicht unvorstellbar.

Jubel nach der Hitzeschlacht: Der BVB ist zum dritten Mal Meister.

1963: Das erste Bundesligator

Konietzka schreibt Geschichte

Als die Abgesandten des BVB im Wohnzimmer der Familie Konietzka saßen und fragten, ob sie den kleinen Friedhelm in die große Welt des Fußballs entführen dürften, wähnten sie sich wie im falschen Film. Der umworbene Teenager wohnte in Lünen, „in einem winzigen Bergmannshaus", wie sich „Aki" Schmidt einmal erinnerte: „Da liefen die Hühner durch den Flur."

Bei der Borussia stieg der Hochveranlagte zum Stürmer von internationaler Klasse auf. Konietzka war nicht nur Ausnahmespieler, sondern der Mann, der einen kuriosen Rekord aufstellte: Konietzka markierte das erste Tor der Bundesligageschichte, als die neue Spielklasse offiziell noch gar nicht begonnen hatte. Das konnte deshalb geschehen, weil der Schiedsrichter in Bremen die Partie zu früh angepfiffen hatte. Noch ehe der Sekundenzeiger eine Umdrehung zurückgelegt hatte, und die übrigen Begegnungen losgingen, lag das Leder bereits im Netz. Konietzka, der seinen Vornamen später änderte und von da an auch offiziell Timo hieß, war so schnell, dass die historische Tat nicht dokumentiert wurde. Kaum zu glauben aber wahr: Es gibt weder Fotos noch bewegte Bilder vom berühmtesten Treffer des Jungen aus dem Revier.

BVB-Archivar Gerd Kolbe erinnert sich an: „Ich bin am 24. August 1963 mit meinem Vater zum Auswärtsspiel ins Bremer Weserstadion gefahren. Das berühmte erste Tor von Timo Konietzka wurde zwar weder auf einem Foto noch auf Film festgehalten, aber ich habe es genau gesehen. Und ich weiß auch, dass es tatsächlich eine halbe Minute zu früh gefallen ist. Die Spiele in der Bundesliga sollten alle um 17 Uhr angepfiffen werden, doch in Bremen ging es bereits eine Minute früher los. Ich habe das deshalb so genau abgespeichert, weil mein Vater zum zehnjährigen Jubiläum seiner Firma eine Uhr geschenkt bekommen hatte, auf die er sehr stolz war, weil sie absolut exakt lief. Als der Anpfiff ertönte, sagte er: ‚Was soll denn das, wir haben doch erst 16 Uhr, 59 Minuten.' Kaum hatte er das ausgesprochen, lag der Ball auch schon im Netz. Der Timo hatte das erste Tor der Bundesligageschichte geschossen, bevor die Bundesliga offiziell begonnen hatte. Dortmund hat das Spiel am Ende zwar verloren, aber das war nicht so wichtig. Das erste Tor zählte besonders, es war ein historischer Treffer."

Tatsächlich ist das Premierentor für immer mit dem Namen Timo Konietzka verbunden. Nachdem bei ihm ein unheilbares Gallenkarzinom festgestellt worden war, setzte Konietzka seinem Leben am 12. März 2012 mithilfe einer Schweizer Sterbehilfeorganisation ein Ende.

Der Außenseiter siegt

1963: Das Jahrhundertspiel gegen Benfica

20

45.000 Zuschauer sollen Zeuge gewesen sein, an jenem denkwürdigen 4. Dezember 1963 in der Kampfbahn Rote Erde. Das ist die offizielle Zahl, wobei sich der Betrachter fragt, wie überhaupt so viele Besucher in die kleine Schüssel passen sollten, die neben dem riesigen Betonbau Westfalenstadion direkt daneben so niedlich wirkt, wie ein Spielzeugauto in der Hand eines Eisenbiegers. De facto, so berichten Augenzeugen, waren es mit Sicherheit mehr Besucher an jenem Abend.

54 Jahre später sagt Reinhold Wosab, als er das Stadion Rote Erde betritt: „Wenn ich jetzt hier stehe, krich ich schon wieder ne Gänsehaut." Wosab war dabei, als Borussia Dortmund im Achtelfinal-Rückspiel des Europapokals der Landesmeister Benfica Lissabon empfing. Das Hinspiel war 1:2 verloren gegangen, der pfeilschnelle Außenstürmer hatte für den BVB getroffen. Die Portugiesen galten als Maß aller Dinge im europäischen Vereinsfußball, sie hatten die Wundermannschaft von Real Madrid vom Thron gestoßen.

Eine magische Nacht in der Roten Erde

Die magische Nacht

Der Deutsche Meister war der klare Außenseiter. Und dann das: 5:0.

Unfassbar, die Borussia spielte sich in einen Rausch, die Begegnung geht als „Jahrhundertspiel" in die Geschichte ein. „Wir haben eine Mannschaft geschlagen, die unschlagbar schien", sagt Wosab, der auch im Rückspiel sein Tor macht. Franz Brungs trifft drei Mal, Timo Konietzka darf ebenfalls jubeln. Die Menschen trauen ihren Augen nicht, mögen gar nicht nach Hause gehen. Als der Schlusspfiff ertönt, rennen die Menschen auf den Platz. Sie wollen ihren Helden nahe sein, sie berühren und auf Händen tragen. „Die haben uns umarmt und nicht mehr losgelassen", sagt der Rechtsaußen. In der Kabine gibt es Sekt – und feuchte Augen. Nach und nach erst begreifen alle, was passiert ist. In schwarz-gelben Bademänteln begeben sich

Goldköpfchen in Bestform:
Franz Brungs trifft drei Mal.

die Borussen Stunden nach dem Schlusspfiff noch einmal in die eisige Kälte. Die Fans? Noch immer da. Die Bademäntel? Schnell weg.

Legendär sind an diesem Abend auch die Trikots des BVB: Satinleibchen, die im Flutlicht golden erstrahlen. In den Schwarz-Weiß-Aufnahmen des WDR sieht man die Dortmunder Spieler glänzen. Die perfekte Inszenierung einer magischen Nacht. Das goldene Hemd von Wosab ist heute im Borusseum zu bewundern. Der Zeitschrift „Reviersport" berichtet die schnauzbärtige BVB-Ikone in bewegenden Worten, wie seine Frau Doris das legendäre Spiel erlebte: Sie hatte an diesem Abend im nahe gelegenen Kinderkrankenhaus Spätschicht. Sonst ist sie immer bei den Spielen dabei, dieses Mal geht es nicht. Der Jubel der Dortmunder Fans, so erzählt es ihr Mann, dringt herüber. Jedes Mal wieder. Sie weint. Tränen des Glücks, weil das Geschrei ihr sagt, dass das Wunder, bei dem ihr Mann hilft, in vollem Gange ist. Aber auch: Tränen der Trauer, nicht dabei sein zu können bei einem Ereignis, von dem die Alten ihr Leben lang schwärmen werden.

Dichter Nebel

21

1963: Erster Spielabbruch in der Geschichte der Bundesliga

Wer Hamburg in der kalten Jahreszeit besucht, der muss damit rechnen, dass die Hansestadt unter einer dichten Nebelglocke liegen kann. So ist es auch am 7. Dezember 1963: In der Millionenmetropole ist der Durchblick eingeschränkt, Schiffe können wegen der schlechten Sicht nicht in den Hafen einfahren, der Verkehr auf den Straßen fließt nur zäh. Für 19.30 Uhr ist die Bundesliga-Partie zwischen dem HSV und Borussia Dortmund im Volksparkstadion angesetzt. Sie geht in die Geschichte ein als erstes Spiel, das in der Fußball-Bundesliga jemals abgebrochen wird.

Der Nebel wird im Laufe dieses Sonnabends immer dichter. Je näher der Anstoß rückt, desto größer werden die Bedenken, dass die Begegnung nicht unter regulären Bedingungen ausgetragen werden kann. Dennoch wird die Partie angepfiffen, schließlich sind mehr als 30.000 Zuschauer ins Stadion gekommen, um das Duell der beiden Spitzenteams zu erleben. Die Borussia schwebt noch auf Wolke sieben, hat wenige Tage zuvor mit dem 5:0-Triumph über Benfica Lissabon eine unvergessliche Europapokal-Nacht abgeliefert. Die Euphorie merkt man der Mannschaft immer noch an, sie startet auch im Volksparkstadion gleich voll durch. Der BVB überrennt die Gastgeber, bereits nach 14 Minuten liegt der Revierklub durch Tore von Franz Brungs und Lothar Emmerich in Führung. Ernst Kreuz gelingt in der 32. Minute der 1:2-Anschlusstreffer für den HSV.

… keine 20 Meter …

In der Pause schob sich die Nebelglocke immer dichter über das Stadion. Von den Tribünen ist das Spielfeld nicht mehr zu sehen. Die Regel besagt, dass eine gute Sicht von Tor zu Tor gewährleistet sein muss. Obwohl dies offensichtlich nicht der Fall ist, pfeift Schiedsrichter Günter Sparing die zweite Halbzeit an. „Gesehen habe ich keine 20 Meter", berichtet Dieter Seeler, älterer Bruder von „Uns Uwe", anschließend dem „Hamburger Abendblatt".

Über das Geschehen auf dem Rasen können nicht einmal alle Spieler vernünftig Auskunft geben, denn selbst sie bekommen nicht mehr alles mit. Schließlich hat der Unparteiische ein Einsehen und bricht die Begegnung nach etwas mehr als einer Stunde ab. „Als ich meine Linienrichter nicht mehr sehen konnte, unterbrach ich", gibt Sparing zu Protokoll. Der Protest der immer noch führenden Dortmunder hält sich in Grenzen. Im Gegenteil, „es war die einzig richtige Entscheidung", sagt Stürmer Timo Konietzka. Der BVB tritt den Heimweg in den Westen ohne Punkte an, und dabei wird es auch bleiben. Bei der Neuansetzung zwei Wochen später dreht der HSV den Spieß um und gewinnt den ewig jungen Vergleich zweier befreundeter Klubs durch zwei Seeler-Tore mit 2:1.

Im dichten Neben verlor auch „Uns Uwe" den Durchblick.

„Hoppy" Kurrat

Kleinster Spieler der Bundesliga und treue Seele

22

Bei seinem spektakulärsten Auftritt hatte Dieter Kurrat lediglich eine passive Rolle: 1964 im Halbfinale des Europapokals der Landesmeister trat Inter Mailands Superstar Suarez seinem Gegenspieler Kurrat dermaßen hemmungslos in den Unterleib, dass tausende Zuschauer im San Siro und Millionen Fernsehzuschauer ernsthaft um die Familienplanung des Borussen fürchteten.

Dortmunder Legende
„Hoppy" Kurrat

Jeder hatte gesehen, was passiert war – inklusive Schiedsrichter Branco Tesanic aus Jugoslawien, der zwei Meter daneben stand. Doch es geschah nichts. Dortmund schied aus, Jahre später stellte sich heraus, dass der Unparteiische mit einer goldenen Uhr und Gratisurlauben gefügig gemacht worden war. Tesanic wurde lebenslang gesperrt. Für den BVB eine späte Genugtuung, doch der Titel war futsch. Zwei Jahre später holte der BVB das Versäumte mit dem Gewinn des Europapokals der Pokalsieger nach. Mit Kurrat, einem echten Unikum. „Hoppy" war der geborene Wadenbeißer. Ob seine Widersacher Eusebio, Mazzola, Suarez, Netzer oder Overath hießen, dieser wuselige Kerl war gnadenlos. In ganz Europa wurde Kurrat gefürchtet: „Ich war ja so ne Giftnudel, gegen mich hat keiner gern gespielt."

Treu auch im Abstieg

Es ist überliefert, dass der große Eusebio den kleinen „Hoppy" beim Gastspiel des BVB in Lissabon auf dem Spielfeld würgte: „Der hat ihn richtig am Hals gepackt und geschüttelt, so hat er ihn genervt", erzählt Theo Redder. Der Weltstar bekam keinen Stich, weil ständig ein Quälgeist auf zwei kurzen Beinen um ihn herumwuselte und ihm das Leben zur Hölle machte. Für eine Karriere in der Nationalmannschaft reichten Kurrats Künste indes nicht. „Zu klein", urteilte Bundestrainer Helmut Schön –

Wadenbeißer: Gegen „Hoppy" Kurrat spielte keiner gern.

dabei war Kurrat von niemand Geringerem als Fritz Walter höchstpersönlich empfohlen worden. Offiziell werden 1,60 Meter Körperlänge angegeben, Kurrat selbst spricht von 1,62 Meter, „und im Winter – auf 18er-Stollen – 1,63. Ich muss ja um jeden Zentimeter kämpfen." Wie auch immer: Nie hat in der Geschichte der Bundesliga ein kleinerer Spieler auf dem Rasen gestanden. „Manchmal", gestand Kurrat einst, „habe ich den Fußball-Gott verflucht, dass er mich nicht einen halben Kopf größer gemacht hat."

Dem BVB blieb der Junge aus dem Dortmunder Norden selbst dann noch treu, als es nach unten ging. Als einziger der Helden von 1966 stieg er mit der Borussia in die 2. Liga ab. Nach seiner aktiven Zeit widmete sich Kurrat einem neuen Betätigungsfeld: Mit seiner Frau Margot führte er in Holzwickede die Kneipe „Hoppys Treff". Auch hinter dem Tresen war der Mann, der am 27. Oktober 2017 verstarb, eine echte Show. So mancher junge Gast, der Kurrats Geschichte nicht kannte, bezweifelte ernsthaft, dass der Mann mit den kurzen Beinen und dem Kugelbauch eine große Karriere als Fußballer hingelegt hatte.

1965: Rekordsieg

8:0 gegen La Valletta

23

Als am 10. Oktober 1965 in der Dortmunder Kampfbahn Rote Erde Geschichte geschrieben wurde, mochten gerade Mal 10.000 Augenzeugen im Stadion dabei sein. Zu einseitig war das Kräftemessen, zu vorhersehbar der Ausgang.

Der BVB hatte in der ersten Runde des Europapokals der Pokalsieger gegen einen kleinen Verein mit dem schönen Namen FC Floriana La Valletta bereits das Hinspiel mehr als deutlich mit 5:1 gewonnen. Die Dienstfahrt in die Hauptstadt der Mittelmeerinsel Malta war zur lockeren Spritztour geworden, was sollte da beim Rückspiel vor heimischer Kulisse großartig passieren? Nichts, so dachte man. Und doch verpassten die Fans, die den Abend lieber auf dem heimischen Sofa verbrachten, eine ganze Menge – nämlich den höchsten Sieg von Borussia Dortmund im Europapokal: 8:0 lautete das Resultat, so eindeutig hat der BVB kein Spiel in einem internationalen Wettbewerb jemals dominiert.

Das Emma-Jahr

Als Schiedsrichter Meighan aus Irland die ungleiche Auseinandersetzung zwischen den blutigen Amateuren von der Insel und dem Verein, der am Ende den Europapokal der Pokalsieger in die Höhe recken sollte, anpfiff, dauerte es nicht lange, bis der Ball erstmalig im Netz zappelte: Nach fünf Minuten verwandelte Torjäger Lothar Emmerich einen Elfmeter, was allerdings nur der Anfang von „Emmas großer Show" werden sollte. Der Instinktfußballer mit der linken Klebe erzielte fünf weitere Treffer. Sechs Tore in einer Europapokal-Begegnung, auch das bedeutet bis heute Vereinsrekord. Zwischendurch durfte sich auch „Aki" Schmidt mit seinen Treffern zum 2:0 und zum 6:0 in der Statistik verewigen, sonst gehörte der Abend Lothar Emmerich.

Aber das galt nicht nur für den 10. Oktober: Das ganze Jahr 1966 wurde von „Emma" geprägt, dessen Torhunger schier unersättlich war: Emmerich erzielte im Laufe des Wettbewerbs 14 Tore, davon allein vier in den Halbfinalspielen gegen den Titelverteidiger West Ham United. Dies ist die ewige Rekordmarke in der Geschichte des Europapokals der Pokalsieger, der seit 1999 nicht mehr ausgetragen wird. Dazu kommen noch 31 Treffer in der Bundesliga, mit denen sich Emmerich die Torjäger-Kanone sicherte, sowie der irre Treffer im Vorrundenspiel der WM 1966 gegen Spanien.

Die Aufstellung von Borussia Dortmund beim höchsten Europapokal-Sieg der Vereinsgeschichte lautete: Bernhard Wessel, Reinhold Wosab, Wolfgang Paul, Friedhelm Groppe, Theodor Redder, Dieter Kurrat, Wilhelm Sturm, Reinhard Libuda, Alfred Schmidt, Sigfried Held, Lothar Emmerich.

„Emma" trifft: Dieses Mal per Elfmeter ab in die Mitte.

Jubeljahr 1966

Der höchste Derbysieg gegen Schalke

24

1966 war ein großes Jahr in der Geschichte von Borussia Dortmund. Natürlich ist da der alles überstrahlende Triumph im Europapokal der Pokalsieger, aber auch die WM in England mit dem Gewinn der Vize-Weltmeisterschaft, bei der die BVB-Akteure Hans Tilkowski, Sigfried Held und Lothar Emmerich als

Borusse und Schalker: „Stan" Libuda

Protagonisten glänzten.

Und dann gibt es da ja noch jenen 26. Februar, als die Dortmunder in der Bundesliga am 23. Spieltag den FC Schalke 04 empfingen. Spiele gegen den ungeliebten Revierrivalen sind immer etwas Besonderes. All die Geschichten und Anekdoten, die sich um das größte Derby in Deutschland ranken, füllen Bücher. An diesem klirrend kalten Winternachmittag wurde ein aus Dortmunder Sicht besonders erfreuliches Kapitel geschrieben: Der BVB spielte seinen bemitleidenswert unterlegenen Gegner nach allen Regeln der Kunst an die Wand. 30.000 Besucher im prallgefüllten Stadion Rote Erde erlebten Gastgeber in Schwarz-

Es klingelt schon wieder: Ein großer Tag für Schwarz-Gelb.

Gelb, die sich in einen wahren Rausch spielten. Am Ende stand es 7:0 (Halbzeit 3:0), Dortmund feierte seine Helden und den höchsten Derbysieg der Geschichte. Die Tore markierten Held (2), Schmidt (2), Sturm, Kurrat und Emmerich.

Hoppy mit dem Kopf

Die Borussia spielte wie aus einem Guss, die Schalker liefen nur hinterher: „Sigi" Held war viel zu schnell unterwegs, „Stan" Libuda viel zu trickreich. Der in Gelsenkirchen aufgewachsene Flügelflitzer spielte seine ehemaligen und zukünftigen Mannschaftskameraden schwindelig, er allein bereitete drei Treffer nach unwiderstehlichen Flankenläufen vor. Fünf der sieben Treffer markierten die Dortmunder mit dem Kopf, weil die Schalker nicht in der Lage waren, die Flanken zu verhindern. Wie frappierend die Überlegenheit der Borussia war, verdeutlicht die Tatsache, dass „Hoppy" Kurrat der Treffer zum 5:0 mit dem Kopf gelang. Nur zur Erinnerung: Wir sprechen hier über den kleinsten Spieler der Bundesliga-Geschichte. 50 Jahre danach erinnerte sich „Aki" Schmidt im „Kicker" an das irre Spektakel: „Wir waren damals ziemlich unschlagbar, wir hatten eine tolle Mannschaft und kaum Verletzte. „Stan" Libuda hat auf der rechten Seite richtig schön Zirkus gemacht." Nur zehn Wochen nach dem großen Derby-Glück gewann der BVB in Glasgow auch gegen den FC Liverpool den Europapokal der Pokalsieger.

„Emma" und das Jahrhunderttor

Ein Treffer aus unmöglichem Winkel

25

Die Nacht vom 13. auf den 14. August 2003 brachte dem deutschen Fußball große Trauer. Innerhalb weniger Stunden starben zwei der spektakulärsten Außenstürmer, die es hierzulande je gegeben hat: Der Rechtsaußen Helmut Rahn und der Linksaußen Lothar Emmerich. Beide kamen aus dem Revier, der eine aus Essen, der andere aus Dortmund.

Rahn machte das dritte Tor gegen Ungarn unsterblich, Emmerich setzte sich bei der WM 1966 in England beim Spiel gegen Spanien mit seinem spektakulären Treffer ein Denkmal.

Ein irrer Direktschuss, der als „Tor aus unmöglichem Winkel" Eingang in die Geschichtsbücher fand. Emmerich bekam von Mitspieler Sigfried Held einen Einwurf direkt an der Außenlinie, hielt mit seiner berüchtigten „linken Klebe" voll unter den vor ihm aufspringenden Ball, der über Spaniens Keeper hinweg in den langen Winkel zischte. Ein Kunstwerk. Die Chronisten waren aus dem Häuschen, der „Daily Telegraph" fragte: „Ob der Villa Park jemals wieder der alte sein wird?" Zum Tor, das ihn berühmt machte, sagte „Emma" in seinem unverwechselbaren Ruhrpott-Slang: „Den hab ich optimal getroffen, da passte alles. Aber wenn der nicht reingeht, sin se inner Mitte alle am schreien."

Emmas Glück – West Hams Trauer

Lothar Emmerich war einmalig. Ein Phänomen. Wo „Emma" war, fielen Tore. Als ihn „Aki" Schmidt das erste Mal sah, erzielte er für seinen Heimatverein in Dortmund Dorstfeld fünf Treffer. Da war Emmerich noch A-Jugendlicher und spielte auf Asche. „Das ist eine Granate, den holen wir", sagte Schmidt. Trainer Max Merkel war da weniger euphorisch: „Zu langsam, das wird keiner." Der schnellste Spieler des Planeten ist Lothar Emmerich tatsächlich nie geworden. Und doch gehört er zu den größten Stürmern, die jemals für den BVB aufliefen.

1966, nachdem Emmerich West Ham United im Halbfinale des Europapokals der Pokalsieger im Alleingang abgeschossen hatte, schrieb der „Daily Express" ergriffen: „Die acht gigantischen Bier-Brauereien Dortmunds werden ihre gesamte Produktion zur Abkühlung der deutschen Kehlen aufbieten müssen, die sich zur Begrüßung ‚Emmas' heiser schreien." Und West Hams legendärer Trainer Ron Greenwood konstatierte nach

Emmerichs sagenhaften 14 Toren innerhalb des Wettbewerbs: „Diesen Mann kann niemand berechnen." Greenwood sagte, für diesen Spieler würde er ohne zu zögern eine Million Mark auf den Tisch legen.

Doch Emmerich blieb im Revier, bis zu seinem Tod arbeitete er als Fan-beauftragter für seinen Verein Borussia Dortmund, nach ihm wurde das Maskottchen des BVB benannt: Emma. Lothar Emmerich war ein echtes Ruhrpott-Original. Unnachahmlich in seiner verblüffenden Schlichtheit die Antwort, als er im „Aktuellen Sportstudio" gefragt wurde, wie das Zu-sammenspiel mit seinem kongenialen Partner Sigfried Held funktioniere: „Wenn mir der Sigi einen auffen Schlappen tut, woll ey, dann hau ich ihn rein."

Vollblutstürmer: Wenn „Emma" draufhielt, rappelte es.

Hans Tilkowski

„Es war kein Tor!"

26

Hans Tilkowski hat jede Menge erlebt in seiner langen Karriere als Torwart: Deutscher Meister, Pokalsieger und Europapokal-Gewinner mit Borussia Dortmund, dazu zahlreiche Länderspiele und Abenteuer in den Fußballstadien des Kontinents. Und doch wird seine Karriere für immer auf diese eine Szene verdichtet: „Das Wembley-Tor im Finale gegen England hat mein Leben geprägt", sagt der Mann, der am 5. Januar 2020 nach langer Krankheit verstarb: „Ich habe sogar ein Buch darüber geschrieben. Noch heute sprechen alle über das dritte Tor der Engländer."

Nicht nur Wembley!

Deutschland verlor 1966 das WM-Finale gegen Gastgeber England, weil der Schiedsrichter und der Linienrichter ein Tor anerkannten, das sie nicht hätten geben dürfen.

Es gibt in der Geschichte der Weltmeisterschaften zwei Tore, die berühmter sind als alle anderen: 1986, in der Partie zwischen England und Argentinien, sorgten Diego Maradona und „die Hand Gottes" für Furore. Und eben die WM 1966: Damals fiel das berühmt-berüchtigte Wembley-Tor. Hans Tilkowski hat die Szene seines Lebens am 30. Juli 1966 in London so erlebt: „Geoff Hurst kam in der Verlängerung auf mich zu und zog von der Strafraumgrenze ab. Ich war noch mit den Fingerspitzen am Ball, konnte ihn aber nicht festhalten. Er prallte von der Latte ab und sprang von der Linie zurück ins Feld. Ich schaute über meine linke Schulter nach hinten und sah es genau: Es war kein Tor".

Frauenschwarm: Hans Tilkowski

Der Schweizer Schiedsrichter Gottfried Dienst wollte weiterspielen lassen, doch die Engländer protestierten. Dienst befragte seinen Linienrichter Tofik Bachramow. Er hatte den Ball im Tor gesehen. Allerdings stand er acht bis zehn Meter von der Eckfahne entfernt, aus der Position konnte er die Situation nicht beurteilen.

Im Grunde genommen tut man dem überragenden Torwart unrecht, wenn man ihn auf das Wembley-Tor reduziert. Der Junge aus dem Dortmunder Stadtteil Husen hat in seiner Karriere so viel mehr geleistet. Gerd Kolbe, ehemaliger Pressesprecher des BVB, bezeichnet ihn als „besten Torwart, den Borussia Dortmund je hatte. Das steht für mich außer Frage."

Hans Tilkowski, einer der größten Torhüter der BVB-Geschichte

Bemerkenswert: 43 Jahre nach dem Wembley-Tor besuchte Hans Tilkowski Baku, die Hauptstadt Aserbaidschans. Linienrichter Tofik Bachramow haben sie dort ein Denkmal gebaut. Die Skulptur ist vor dem Stadion zu bewundern. Dort ist er ein Volksheld. Das ändert allerdings nichts an der Meinung, die der Torhüter über ihn hat. Bei einem offiziellen Empfang sagte Tilkowski noch einmal deutlich seine Meinung: „Es war kein Tor!"

Ein echtes Vorbild

Hans Tilkowski war nicht nur ein herausragender Torhüter, sondern übernahm in der Gesellschaft ebenso gerne immer wieder Verantwortung. So engagierte sich der Keeper beispielsweise für das Kinderhilfswerk Unicef und die Deutsche Leukämie-Forschung, für die er eine Benefizgala initiierte. In seiner Heimatstadt Herne wurde eine Schule nach diesem großen Sportsmann benannt.

Sigi Held

Einziger Ausländer in der 1966er-Mannschaft

27

Es war ein gnädiger Wink des Schicksals, dass Sigfried Held im Jahre 1965 den Weg zu Borussia Dortmund fand, und der BVB damit zu seinem Traumduo „Emma" und „Sigi" kam: Held hatte zu seiner Zeit bei der Bundeswehr bereits einen Vertrag bei Hertha BSC Berlin unterschrieben, der dann jedoch – nach dem Zwangsabstieg des Klubs – hinfällig wurde. Die Hertha war wegen Verstoßes gegen das Vertragsstatut des Deutschen Fußball-Bundes (DFB) in die Regionalliga zurückgestuft worden. Der Grund: Der Klub hatte Profis mit unerlaubten Handgeldern an die Spree gelockt.

Durchgesetzt: Sigi Held (rechts)

Der junge, ehrgeizige Stürmer war also zu haben, und beim BVB griffen sie beherzt zu. Sie bekamen einen tollen Spieler, und zudem einen echten Exoten: In der Mannschaft, die 1966 mit dem Gewinn des Europapokals der Pokalsieger deutsche Fußballgeschichte schrieb, war der im Sudetenland geborene Held der Einzige, der nicht aus der Region Ruhrgebiet-Sauerland stammte. „Sigi", wie ihn alle riefen, kam aus Marktheidenfeld bei Würzburg, was für die damaligen Dortmunder Verhältnisse praktisch Ausland war.

In Zeiten, in denen der Fußball längst zum globalen Milliardengeschäft geworden ist, bei dem Spieler rund um den Globus gehandelt werden, mag man das kaum glauben: Dieser Stürmer war der erste Spieler in der Geschichte des BVB, der von außerhalb Nordrhein-Westfalens ge-

Zwei Große: Sigi Held (rechts) und Günter Netzer

holt wurde. Mit ihm bekam die Borussia einen Weltklassemann, der nicht nur der schnellste Stürmer der Bundesliga war, sondern auch noch unheimlich geschickt mit dem Ball umging.

Der Feldherren-Hügel

Wie das Training beim BVB ablief, beschrieb Rudi Assauer, jüngster Spieler der 1966er-Mannschaft und später Manager auf Schalke, mal so: „Unser Trainer Fischken Multhaup ließ einfach nur die Jungs aus dem Ruhrgebiet gegen die aus dem Sauerland antreten. Mehr brauchte er nicht zu tun. Das war für uns wie ein Länderspiel, da durftest du auf keinen Fall verlieren. Wir haben uns zu Höchstleistungen getrieben, während Multhaup auf seinem Feldherren-Hügel stand und sich das genüsslich anschaute." So einfach war Fußball, da brauchte es keine Trainingslehre. Nur bei „Sigi" Held, dem einzigen Ausländer, fiel die Zuordnung schwer.

Held, der später noch eine bewegte Trainerkarriere mit Stationen in Dresden und Island erlebte, ist längst im Revier heimisch geworden. Mittlerweile arbeitet er als Fanbeauftragter für den BVB.

1966 – Sieg über Liverpool

Für die Helden war nichts vorbereitet

28

Man mag das aus heutiger Sicht kaum glauben, es war aber so: Als Borussia Dortmund am 5. Mai 1966 durch das 2:1 gegen den FC Liverpool im Finale des Europapokals der Pokalsieger im Glasgower Hampden Park als erster deutscher Verein einen Europapokal gewann, hatte der Vorstand des BVB nichts vorbereitet. Es war der größte und strahlendste Tag in der Vereinsgeschichte, doch die Helden saßen auf dem Trockenen.

Sigfried Held erinnert sich: „Mit Feierlichkeiten war am Abend nicht mehr viel. Wir hatten ein Hotel eineinhalb Stunden von Glasgow entfernt. Als wir dann endlich zurückkamen, hatten die schon Feierabend. Wir mussten uns dann was zusammensuchen. Unser Spielausschuss-Obmann hatte eine Salami im Koffer – Gott weiß warum. Das hört sich jetzt sicherlich komisch an. An der Theke haben wir nach Bier gesucht, haben aber auch nur noch ein bisschen gefunden. Die große Feier fiel deshalb aus."

Sieg oder Strafe

Ein Dortmunder war trotzdem selig. Sein Name: Reinhard „Stan" Libuda. Nicht in erster Linie, weil dem Ausnahmedribbler in der Verlängerung per Bogenlampe der 2:1-Siegtreffer gelungen war, sondern, weil der Schalker Junge bei einer Niederlage Sanktionen zu fürchten hatte. Libuda sagte nach dem Sieg zu seinem Kumpel Lothar Emmerich: „Mensch Emma, jetzt müssen wir die 10.000 Mark nicht bezahlen." Tags zuvor hatte Trainer Willi Multhaup die beiden Kicker beim Zocken erwischt und gedroht: „Wenn ihr morgen verliert, zahlt jeder von Euch 10.000 Mark Strafe."

Die Party in Schottland fiel zwar aus, umso größer war der Bahnhof bei der Rückkehr nach Deutschland: „Das war überwältigend", erinnert sich Held: „Schon am Flughafen haben uns viele Leute empfangen und uns zugejubelt. Als wir dann mit dem Bus nach Dortmund gebracht wurden, sind wir im Süden von Dortmund in Cabrios umgestiegen und in die Stadt eingefahren. Uns haben sehr viele Menschen zugejubelt. Als junger Spieler, der erst ein Jahr bei Borussia spielte und noch nicht viel mitgemacht hatte, waren das einmalige Eindrücke."

Ganz oben: „Stopper" Paul (rechts) und „Fischken" Multhaup

Das große Aua!

Der berühmteste Hundebiss in der Geschichte der Bundesliga

29

Den 6. September 1969 hat Friedel Rausch wohl Zeit seines Lebens nicht vergessen: Beim ohnehin schon stets hitzigen Derby zwischen Schwarz-Gelb und Königsblau wurde der Schalker Verteidiger von einem Hund in den Allerwertesten gebissen. „Der Schreck und der Schmerz waren groß. Ich konnte zwei Nächte nur auf dem Bauch schlafen, die Narbe am Po kann man heute noch sehen", berichtet der ehemalige Profi, der nach seiner Karriere in der Bundesliga noch jahrelang erfolgreich als Trainer tätig war und 2017 verstarb.

Die Szene stammt aus dem Kuriositätenkabinett der Bundesliga und bleibt unvergesslich. Im mal wieder emotionsgeladenen Ruhrpott-Duell waren die Gäste aus Gelsenkirchen gerade durch Hansi Pirkner mit 1:0 in Führung gegangen, als einige allzu euphorische Schalker Fans auf den Platz stürmten. Das Dortmunder Stadion Rote Erde war, wie beim Derby üblich, mit 39.000 Zuschauern restlos ausverkauft. Was heute nahezu undenkbar erscheint: Die Zuschauer standen in jenen Tagen noch dicht am Spielfeldrand hinter leicht zu überwindenden Barrieren, immer wieder mussten Spiele unterbrochen werden, weil Fans den Platz stürmten. Beim Revierderby wussten sich die Dortmunder Ordner nicht mehr zu wehren und ließen daraufhin die Hunde los.

Ein übler „Blitz"

Die Vierbeiner sahen es allerdings nicht als ihre Aufgabe an, die Unruhestifter zur Raison zu bringen, sondern attackierten stattdessen die Schalker Spieler. Die Schäferhunde stürzten sich auf Friedel Rausch und Gerd Neuser. Rausch wurde kräftig in den Hintern gebissen und schrie mit schmerzverzerrtem Gesicht auf, Neuser erwischte es am linken Oberschenkel. Das Foto, das den bissigen Moment zeigt, gehört bis heute zu den erinnerungträchtigsten Zeitdokumenten der Bundesliga-Geschichte. Im Buch „40 Jahre Bundesliga" erinnert sich Rausch: „Riesenaufregung. Meine Hose blutdurchtränkt. Ich hörte nur Stimmen. ,Haltet den Hund fest'. Ein Dortmunder Ordner hatte seinen Schäferhund von der Leine gelassen. Ich wurde vom Platz getragen. Die Schmerzen waren tierisch."

Dass Rausch nicht nur austeilen konnte, sondern auch hart im Nehmen war, bewies er, indem er das Spiel fortsetzte und bis zum Schlusspfiff durchhielt, während Mitspieler Neuser in der 76. Minute mit Lähmungserscheinungen im Bein ausscheiden musste. Beide Profis erhielten vom BVB-Präsidium 500 Mark Schmerzensgeld und einen Blumenstrauß.

Dass Friedel Rausch wirklich Sinn für Humor hat, bewies er später am Abend, als er im „ZDF-Sportstudio" von Moderator Dieter Kürten die Frage gestellt bekam, was gewesen wäre, wenn der Hund ihn vorne gebissen hätte. Wie aus der Pistole geschossen antwortete Rausch: „Dann hätte der Schäferhund alle seine Zähne verloren." Der Übeltäter, ein fünfjähriger Schäferhund, hörte übrigens auf den Namen „Blitz". In Dortmunder Fankreisen wird er noch heute als Derbyheld verehrt.

Schmerz lass nach: „Blitz" hat zugeschlagen.

Langeweile macht hungrig

Hans Tilkowski und der Eisverkäufer

30

Die Nostalgiker sprechen gern von der „guten alten Zeit", wenn sie sich an die 1960er- und 1970er-Jahre erinnern, in denen Fußball zwar auch schon eine große Nummer war, aber nicht dieses allumspannende globale Ereignis, in dem Milliardensummen umgewälzt werden und die Protagonisten Gehaltszahlungen von zig Millionen Euro erhalten.

In der Gründerzeit der Bundesliga ging es beschaulich zu. Nicht jeder Schritt wurde beobachtet und kommentiert, es blieb auch mal Zeit, sich zurückzulehnen und die Seele baumeln zu lassen. Vor allem dann, wenn man einen Job hatte wie Hans Tilkowski: Dortmunds Nationalkeeper hatte in vielen Begegnungen wenig zu tun, weil das Spielgeschehen überwiegend in der gegnerischen Hälfte stattfand. So auch während eines Heimspiels in der Kampfbahn Rote Erde. Tilkowski schaute sich das Treiben tatenlos an, als ein fliegender Händler über die Laufbahn zu ihm kam und ihm ein Hörnchen Eis anbot. Tilkowski lehnte dankend ab und machte deutlich, er wolle sich lieber auf das Spiel konzentrieren. Obwohl er ja noch eine Hand frei gehabt hätte.

Hmmm, lecker Eis

Sein Schalker Kollege Norbert Nigbur sagte dagegen nicht nein, als er in der Roten Erde eine ähnliche Offerte bekam: Ein Verkäufer der lokalen Marke „Rolli Eis" betrat den Rasen und fragte, ob er den Keeper mit drei Kugeln Eis versorgen könne. Und siehe da: Nigbur, der sich zuvor in seinem Tor sichtlich gelangweilt hatte, nahm die kalte Leckerei tatsächlich dankend an.

Toni Schumacher

Ältester Spieler des BVB

Eigentlich sollte der Name Ha-
rald „Toni" Schumacher einzig
und allein mit dem 1. FC Köln
verbunden sein. Schließlich ist
der „Tünn", wie sie ihn am Rhein
rufen, eine Kölsche Ikone. Doch
nachdem er 1987 sein Enthül-
lungsbuch „Anpfiff" auf den
Markt gebracht hatte, musste er
seinen Heimatverein aufgrund
des immensen Trubels schweren
Herzens verlassen. So kam es,
dass Schumacher in seinen Me-
moiren auch dem BVB ein Kapitel widmete – und im Revier darüber hinaus einen bleibenden
Eindruck hinterließ.

Der „Tünn" kommt für „Teddy".

Zu Beginn des Jahres 1992 erklärte der Vize-Weltmeister von
1982 und 1986 seine Karriere
zwischen den Pfosten für beendet, heuerte jedoch bald darauf in
Dortmund als Torwarttrainer an. Für den Notfall stand der „Tünn" nunmehr als schwarz-gelber Ersatztorhüter auf dem Spielberichtsbogen. Am
34.Spieltag der Saison 1995/1996 war dem BVB die Deutsche Meisterschaft bereits vor der Partie gegen den SC Freiburg nicht mehr zu nehmen,
und so brachte Trainer Ottmar Hitzfeld in der 88. Minute das Kölner
Urgestein für Wolfgang „Teddy" de Beer in die Partie. Damit feierte der
Methusalem – nach 1978 mit dem 1. FC Köln – nicht nur seine zweite
Deutsche Meisterschaft, sondern wurde mit 42 Jahren, zwei Monaten und
zwölf Tagen auch noch zum ältesten BVB-Akteur der Bundesliga-
Geschichte. Älter als Schumacher waren nur noch sein alter Rivale Uli Stein
(Arminia Bielefeld, 42, Jahre, fünf Monate, 19 Tage) und Klaus Fichtel
(Schalke 04, 43 Jahre, sechs Monate, zwei Tage), die in der Hierarchie der
Oldies die Plätze eins und zwei belegen.

Branko Rašović

Erster Ausländer beim BVB

32

Als Borussia Dortmund 1966 als erster deutscher Europapokalsieger gefeiert wurde, waren Spieler aus dem Ausland in der noch jungen Bundesliga die absolute Ausnahme. Klar, Petar Radenković aus Jugoslawien, der charismatische Torhüter von 1860 München, der war bekannt wie ein bunter Hund. Zum Anpfiff am ersten Bundesliga-Spieltag am 24. August 1963 standen mit dem Österreicher Wilhelm Huberts (Eintracht Frankfurt) und dem Niederländer Jacobus Prins (1. FC Kaiserslautern) gerade mal zwei weitere Spieler auf dem Platz, die keinen deutschen Pass hatten.

Die sogenannten Legionäre konnte man in der Gründerzeit der Bundesliga an einer Hand abzählen. In der Mannschaft des BVB wurde schon Sigfried Held als Exot wahrgenommen, weil er der einzige Spieler war, der nicht aus dem Ruhrgebiet, oder dessen Umland, kam.

Bis zum Karriereende

Das änderte sich 1969, als der BVB seinen ersten ausländischen Spieler verpflichtete. Spieler-Obmann „Jockel" Bracht war im ehemaligen Jugoslawien fündig geworden und holte von dort einen Spieler, der die

Zuverlässiger Verteidiger
Branko Rašović

Nachfolge von Wolfgang Paul antreten sollte. Der langjährige Kapitän, den sie in Dortmund „Stopper" nannten, sollte einer jüngeren Fachkraft weichen. Die Wahl fiel auf Branko Rašović, der mit 27 Jahren allerdings auch nicht gerade mehr als Jüngling durchging. In der Stadt Dortmund, wo die Menschen Ende der 1960er-Jahre keinen gesteigerten Wert auf politisch-korrekte Formulierungen legten, machten Sprüche wie dieser die Runde: „Jetzt holen sie bei der Borussia schon Kameltreiber." Und dann ging die Premiere des ersten Ausländers in Schwarz-gelb auch noch ziemlich in die Hose: Der BVB verlor das erste Saisonspiel in Hannover mit 2:4, die neu zusammengestellte Abwehr machte alles andere als einen

Der „Bomber" Gerd Müller wird gestoppt, Branko Rasovic (links) schaut zu.

sattelfesten Eindruck. Trainer Hermann Lindemann fand nach dem Kick bemerkenswerte Worte über den Neuling: „Ich werde ihn formen und ihm den Hauch von Bundesliga-Sachlichkeit einblasen." Wohlgemerkt, Rašović war kein Provinzkicker sondern eine Fachkraft von hoher Reputation. Mit Partizan Belgrad hatte er 1966 das Finale im Europapokal der Landesmeister erreicht und in Brügge nur knapp mit 1:2 gegen die Übermannschaft von Real Madrid verloren.

In Dortmund setzte sich der Abwehrrecke durch und wurde fortan zum Leistungsträger. Als der BVB in der Saison 1971/1972 als Tabellensiebzehnter den bitteren Gang in die 2. Liga antreten musste, hielt der – zunächst so verpönte – „Ausländer" seinem deutschen Verein die Treue. Zwei Jahre später beendete Branko Rašović seine Karriere – natürlich im Dortmunder Trikot.

1972/1973 – Die Leidenssaison

Minuskulisse gegen Preußen Münster

33

Die Saison 1972/1973 gehört zum Schlimmsten, was die Fans von Borussia Dortmund jemals erleiden mussten: Sechs Jahre nach dem größten Triumph der ruhmreichen Vereinsgeschichte war der BVB aus der Bundesliga abgestiegen. Nur ein Betriebsunfall, mehr nicht, dachten die meisten Menschen in der Bier- und Fußballstadt. Ein Jahr im Unterhaus, dann ist unser Verein wieder da, wo er hingehört. Doch so einfach sollte es für den kriselnden Klub in der Regionalliga selbst gegen Klubs wie Erkenschwick, Lünen und Mülheim-Styrum nicht werden. Der Ruhm war verblasst, man krebste in den unteren Gefilden herum.

Dortmund musste den Schock des Erstliga-Abstiegs erst mal verkraften. Bis zum Schluss hatte man mit einer Rettung gerechnet, entsprechend dürftig fiel die Vorbereitung auf das Projekt Wiederaufstieg aus. Zum einen reichte die Zeit nicht aus, zum anderen nahm die Borussia die Gegner in der Regionalliga ganz offensichtlich nicht richtig ernst.

Gleich im ersten Spiel wurde klar, wie die neue Realität aussah: Der Gegner kam zwar aus Gelsenkirchen, hieß aber nicht Schalke, sondern Eintracht. Der BVB mühte sich zu einem schmeichelhaften 2:2, so richtig ins Rollen kam der klare Aufstiegsfavorit zu keinem Zeitpunkt.

Die Borussia schaffte es nie, Konstanz in ihre Darbietungen zu bekommen, zudem konnte Trainer Herbert Burdenski aufgrund von gesundheitlichen Problemen (Herz- und Kreislaufbeschwerden) zwischenzeitlich das Training nicht mehr leiten. Als

Burdenski entlassen wurde und auch dessen Nachfolger Detlev Brügge-
mann seinen Hut nehmen musste, sprangen auf der Zielgeraden einer
schlimmen Spielzeit zwei Ikonen ein: Beim Spiel in Erkenschwick saßen
Max Michallek und „Hoppy" Kurrat auf der Bank. Die ganze Misere wurde
beim letzten Saisonspiel gegen Preußen Münster offensichtlich. Die Borussen schossen sich zwar den Frust von der Seele und gewannen überlegen mit
9:0, doch das Schützenfest in der Kampfbahn Rote Erde wollten gerade mal
1.500 Zuschauer sehen.

Der BVB, der in der Jetzt-Zeit regelmäßig mehr als 80.000 Besucher
anlockt und sich damit Zuschauer-Krösus von Europa nennen darf, war auf
dem Niveau eines biederen Amateurklubs aus der Provinz angekommen.
Torhüter Horst Bertram sagte erschrocken: „Nicht nur für Dortmunder
Verhältnisse war das ein Tiefpunkt. Im Grunde genommen absolvierten wir
ein Geisterspiel."

Finstere Zeiten: Der BVB absolvierte Geisterspiele.

1974 – das neue Stadion

Davon schwärmt die ganze Welt

34

Der 2. April 1974 ist ein eminent wichtiges Datum in der Geschichte von Borussia Dortmund. An einem Dienstag wurde das Westfalenstadion eingeweiht, das für die Stadt Dortmund und ihren Fußballverein sehr viel mehr werden sollte als ein Bauwerk, in dem gekickt wird. Es wurde zum Symbol für den Aufbruch in bessere Zeiten.

„Zappenduster sieht es für den Fußball in Dortmund aus", so beschreibt es der WDR in einem „Zeitzeichen". Acht Jahre nach dem Triumph im Europapokal der Pokalsieger dümpelt der hoch verschuldete BVB in der Regionalliga vor sich hin, in der maroden Kampfbahn Rote Erde bröckelt es an allen Ecken und Enden. Ein modernes Stadion kann sich die durch die Stahlkrise geplagte und fast bankrotte Stadt jedoch nicht leisten. Die Rettung kommt indirekt aus Köln: Weil die Stadt am Rhein ihre Bewerbung für die Fußball-WM 1974 zurücknimmt, erhält Dortmund den Zuschlag und damit beträchtliche Fördermittel für ein neues Stadion.

Schön und modern: Das Westfalenstadion

Alt und neu: Rote Erde und Westfalenstadion

Zum Glück gezwungen

In nur drei Jahren Bauzeit entsteht direkt neben der alten Kampfbahn das 54.000 Zuschauer fassende Westfalenstadion. Komplett aus Fertigbausegmenten errichtet, kostet es geradezu läppische 32,7 Millionen Mark. Ironie des Schicksals: Die damals übliche Laufbahn wird kurzerhand weggelassen, weil das Geld dafür fehlt. Dortmund wird damit zu seinem Glück gezwungen. Denn die Stadt bekommt ein reines Fußballstadion, dessen Atmosphäre weltweite Berühmtheit erlangen soll. Bundestrainer Helmut Schön sagt bei der Eröffnung, das Westfalenstadion werde „auf der ganzen Welt nur vom Aztekenstadion in Mexiko übertroffen." Und Kölns Mittelfeldstar Wolfgang Overath sagt anerkennend: „Die Anlage hat nur einen Nachteil: Sie befindet sich nicht in Köln."

Es ist in deutschen Stadien ein Novum, dass die Ränge bis zum Spielfeldrand reichen." Der BVB hat eine biedere Mannschaft, der Star ist plötzlich das Stadion. Die Fans kommen in Scharen, um diese neuartige Atmosphäre aufzusaugen. Übrigens: Die Ehre, das erste Tor im Westfalenstadion erzielt zu haben, geht an eine Fußballerin aus Dortmund. Beim Eröffnungsspiel der Frauen des TBV Mengede 08 und des VfB Waltrop versenkt Elisabeth „Elli" Podschwadtke um 18.18 Uhr den Ball im Tor. Im Anschluss dürfen die Männer des BVB ran, sie verlieren gegen Schalke mit 0:3.

Bei der WM im Sommer 1974 finden vier Partien im Westfalenstadion statt. Sportjournalisten aus aller Welt schwärmen von einer „Fußball-Oper", die in der Folge in vier Ausbaustufen auf die heutige Kapazität von 81.365 Zuschauern hochgepäppelt wird.

Zoltan Varga

Edeltechniker auf Vogelfang

35

Ältere Semester werden sich noch gut daran erinnern, wie es Sepp Maier im spärlich besetzten Münchener Olympiastadion unter dem Zeltdach langweilig wurde, weil seine Mannschaft mal wieder eine einseitige Partie ablieferte, in der es für den Weltmeister von 1974 keinerlei Gelegenheit gab, sein Können zwischen den Pfosten zu demonstrieren. Also beschäftigte er sich anders und versuchte, eine Ente zu fangen, die sich in das weite Rund verflogen hatte. Doch der Maier-Sepp musste erkennen, dass das Fangen von Enten offenbar komplexer als das Bällehalten ist: Maier stürzte daneben, seine mächtigen Hände mit den riesigen Torwandhandschuhen griffen ins Leere.

Wie man dem Federvieh habhaft werden kann, hätte der Nationalspieler bei einem Borussen lernen können: Mittelfeldmann Zoltan Varga, der einzige Star in Dortmunds düsterer Zweitliga-Phase während der 1970er-Jahre, schlich sich unauffällig an eine Taube heran, die während eines Heimspiels im Dortmunder Strafraum herumgeflattert war und sich in der ersten Stunde der Begegnung mehrfach zwischen Eckfahne und BVB-Tor aufgehalten hatte. Der Ungar praktizierte – so wie im Spiel – eine geschickte Körpertäuschung, es folgte ein Panthersprung und schon hatte Varga das unbekannte Flugobjekt unter dem Applaus der Anhänger erwischt. Zeugwart Walter Betzer übernahm die kostbare Beute und setzte sie außerhalb des Westfalenstadions wieder frei.

Der in Dortmund unvergessene Edeltechniker und Publikumsliebling verstarb am 9. April 2010 bei einem Senioren-Fußballspiel in Budapest im Alter von 65 Jahren an Herzversagen.

Edelkicker: Zoltan Varga

Unglaublich aber wahr

Ein BVB-Heimspiel im Parkstadion

Dortmunder und Schalker Fans, Ihr müsst jetzt bitte ganz tapfer sein: Es geht im Folgenden um einen historischen Fakt, den die beiden großen Traditionsklubs aus dem Revier wohl am liebsten aus ihrer Vereinshistorie streichen

würden. Man mag es kaum formulieren, aber es ist nun mal wahr. Der BVB hat tatsächlich mal ein Heimspiel im Gelsenkirchener Parkstadion ausgetragen! Wie, um Himmelswillen konnte das nur passieren?

Zum Ende der Spielzeit 1976/1977 war das Westfalenstadion unbespielbar geworden, weil der Rasen von Würmern zerfressen wurde und nur noch ein Acker vorhanden war. Selbst ein als Vollprofi anerkannter und eigens aus dem britischen Königreich eingeflogener englischer Greenkeeper konnte die Grünfläche nicht retten. Also musste die Borussia am 33. Spieltag zwangsweise ausweichen, um ihr letztes Heimspiel der Saison absolvieren zu können. Lediglich 25.000 Zuschauer verirrten sich am 13. Mai 1977 zum Spiel gegen den 1. FC Köln ins Parkstadion – nicht zuletzt, weil die Begegnung in der „verbotenen Stadt" stattfand. So nennen die Dortmunder Fans traditionell die Gemeinde in der Nähe von Herne. Viele BVB-Anhänger mochten die kurze Reise in die ungeliebte Nachbarschaft nicht antreten, die Schalker wandten sich sowieso mit Grausen ab, als bekannt wurde, dass der ewige Rivale als Gastgeber in ihrem Wohnzimmer agieren würde.

Der BVB verlor mit 1:2, es war die erste Heimniederlage gegen die Rheinländer seit 1963. Zumindest in der offiziellen Lesart. Doch das allein sollte es noch nicht gewesen sein. Es kam noch schlimmer: Nur eine Woche später wurden die Dortmunder schon wieder auf dem Berger Feld gesichtet, dieses Mal allerdings in der gewohnten Rolle als Gäste. Als das Revierderby mit 2:4 verloren ging, wollten 70.600 Zuschauer dabei sein. Ausverkauft.

Zwei Niederlagen innerhalb von lediglich acht Tagen im Parkstadion: Wenn es noch eines Nachweises bedurft hatte, dass die Stadt Gelsenkirchen für Dortmunder kein gutes Pflaster ist, dann war er spätestens jetzt erbracht.

14:1

Höchster Pflichtspiel-Sieg in der BVB-Historie

37

Den 5. August 1978 wird Wolfgang Vöge seinen Lebtag nicht vergessen: Borussia Dortmund empfing in der ersten Runde des DFB-Pokals den BSV 07 Schwenningen. Die Begegnung mit einem Gegner aus den Niederungen der viertklassigen, damals neu gegründeten Schwarzwald-Bodensee-Liga lockte gerade Mal 5.700 Besucher an. Sie wurden Zeuge eines historischen Ereignisses, zu dem Vöge eine ganze Menge beisteuern sollte. Sechs Treffer gelangen dem gebürtigen Ahlener, der sich als glühender BVB-Fan einen Kindheitstraum erfüllte, als er 1975 bei der Borussia einen Profivertrag unterschrieb. Die restlichen Treffer zum Schützenfest steuerten Manfred Burgsmüller (3), Lothar Huber, Mirko Votava, Joachim Siwek (2) und Peter Geyer bei.

14:1 war nach 90 Minuten auf der Anzeigetafel zu lesen, es ist der bis heute höchste Sieg des BVB in einem Pflichtspiel geblieben. Immerhin: Der Gast durfte sich auch ein Mal freuen, denn in der 68. Minute gelang der Ehrentreffer. Für Chronisten der Name des Torschützen: Thomas Killenberger.

So sehen Rekordsieger aus.

Tormaschine Michael Zorc

131 Bundesligatore, das ist schon was!

Wer über Michael Zorc spricht, dem fallen vor allem Attribute wie Treue, Bodenständigkeit und Bescheidenheit ein. Alles zurecht, doch dabei sollte nie vergessen werden, dass auch dieser stille Held als Spieler genügend Potenzial besaß, um selbst als schillernde Figur wahrgenommen zu werden: Michael Zorc erzielte in seiner Karriere 131 Bundesligatore – für einen defensiven Mittelfeldspieler ist das eine schier unglaubliche Zahl. Selbst wenn man die mehr als 50 verwandelten Elfmeter abzieht, bleibt die Bilanz beeindruckend.

Die Liste der erfolgreichsten Torschützen der Bundesliga liest sich wie das Who is Who des Nachkriegsfußballs. Mit 365 Treffern thront Gerd Müller über allen, es folgen Klaus Fischer (268) und Jupp Heynckes (220), dann kommt mit Manfred Burgsmüller (213) schon der erste Dortmunder Borusse. Auf Mittelfeldspieler muss man hingegen lange warten: Michael Zorc wird auf Position 23 geführt. In der Geschichte der Bundesliga gibt es – mit Ausnahme des Frankfurters Bernd Nickel (141 Tore, Rang 18) – keinen erfolgreicheren Mittelfeldspieler als den ehemaligen BVB-Sportdirektor.

Mit wehendem Haar: Michael Zorc

Manni Burgsmüller

Rekord-Torschütze des BVB

39

Wenn auf einen Fußballspieler jemals die Typenbezeichnung „Schlitzohr" zugetroffen hat, dann mit Sicherheit auf Manfred Burgsmüller. Der Mann, der bei Rot-Weiss Essen das Kicken erlernte, die Blütezeit seiner irren Laufbahn in Dortmund erlebte, im Herbst seiner Karriere in Bremen zu großer Form auflief, um dann nochmal als Kicker im American Football für Düsseldorf Rhein Fire durchzustarten, war einfach ein Naturereignis. Ein Junge aus dem Pott, der im Revier der Nachkriegszeit gelernt hatte, dass man clever sein musste, um gut durchs Leben zu kommen.

Körperlich war Burgsmüller nie ein Hüne, er kam eher schmächtig daher, das Trikot schlackerte ihm um die Hüfte. Eine Rakete war dieser Stürmer genauso wenig wie ein Edeltechniker. Doch er war ausgebufft und wusste genau, wo er zu stehen und was er zu tun hatte, um den Ball hinter die Linie zu bugsieren. Mehr Instinkt im gegnerischen Strafraum gab es nur, wenn Gerd Müller auflief.

Vom Fußball zum Football

Ein typisches Burgsmüller-Tor gab es im März 1986 im Bremer Weserstadion zu sehen, Leidtragender war Kaiserslauterns Torhüter „Gerri" Ehrmann. Der Goalgetter, damals 36 Jahre alt, beschreibt die kuriose Szene so: „Der Ehrmann hält den Ball, ich lieg so neben dem Tor, rappel mich wieder auf und will wieder zur Mitte. Da seh ich, wie der Gerri vor sich hinpennt, geh zu ihm und schubs dem mit der Hand die Pille aus dem Arm. Der Ball fällt auf den Boden, und ich schieb ihn rein." Natürlich war der Treffer irregulär, aber er zählte. Sämtliche Lauterer Proteste waren vergebens. Schiedsrichter Markus Weber gab das Tor, weil er die Regelwidrigkeit von „Manni" nicht gesehen hatte.

Der Mann war ein Phänomen, seine zahlreichen Treffer in der Bundesliga bleiben unvergessen. Mit seinen 213 Toren wird Manfred Burgsmüller auf Platz vier der ewigen Bundesliga-Torschützenliste geführt. Die 135 Tore für Borussia Dortmund bedeuten bis heute Vereinsrekord. Mehr als zehn Jahre lang wurde der dreimalige Nationalspieler unter den zehn besten Torschützen der Liga notiert, die Kanone als Torschützenkönig gewann er allerdings nie. Macht nichts, Burgsmüller kann auch so auf eine tolle Laufbahn zurückblicken, die späten Glanz versprühte: Nach seiner aktiven Kar-

„Manni" gegen die „Walz": Burgsmüller zieht gegen Briegel ab.

riere als Fußballspieler startete „Manni" von 1996 bis 2002 als Kicker bei Rhein Fire Düsseldorf durch und durfte sich mit 52 Jahren als ältesten aktiven Footballprofi der Welt feiern lassen. Als nach dem Ende der Bundesliga-Saison 2018/2019 die Meldung verbreitet wurde, Manfred Burgsmüller sei am 18. Mai im Alter von 69 Jahren gestorben, trug Borussia Dortmund Trauer. „Er war das Idol einer ganzen Generation", sagte BVB-Boss Hans-Joachim Watzke. „Ich habe ihn sehr gerne Fußballspielen gesehen. Die Nachricht von seinem Tod hat mich erschüttert."

Bleib auf dem Teppich

Dass Helmut Schön 1978 darauf verzichtete, „Manni" Burgsmüller mit zur WM nach Argentinien zu nehmen, könnte an der großen Klappe des Ruhrpott-Jungen gelegen haben. Als der Bundestrainer dem Stürmer öffentlich riet, „auf dem Teppich zu bleiben", antwortete Burgsmüller lapidar: „Ich dachte, wir spielen auf Rasen."

1978 – 0:12 gegen Gladbach

Otto Torhagel

40

Otto Torhagel, na klar, das Wortspiel war doch naheliegend. Es war der 29. April 1978, letzter Spieltag der Bundesliga-Saison. Borussia Mönchengladbach empfängt im Düsseldorfer Rheinstadion die Borussia aus Dortmund. Die Elf vom Niederrhein kann noch Deutscher Meister werden – zumindest in der Theorie. In der Praxis müssen die Gladbacher darauf hoffen, dass Tabellenführer 1. FC Köln beim FC St. Pauli strauchelt. Damit rechnet niemand ernsthaft: Denn die Kölner liegen bei der entscheidenden Tordifferenz so weit vorne, dass in einem einzigen Spiel nichts mehr anbrennen kann.

Und dann das: Der BVB wird von entfesselten Gladbachern nach allen Regeln der Kunst an die Wand gespielt. Die Dortmunder erleben eine Blamage, wie sie deftiger kaum ausfallen könnte. 0:12, die bis heute höchste Niederlage in der Geschichte der Bundesliga. Einen Tag später ist Trainer Otto Rehhagel seinen Job los und hat einen neuen Spitznamen: „Otto Torhagel". Nicht nur für den Trainer hat das Debakel weitreichende Folgen: Dortmunds Torhüter Peter Endrulat bestreitet in Düsseldorf sein siebtes Erstligaspiel. Es wird sein letztes sein, zwölf Gegentore in 90 Minuten bedeuten einen Karriereknick, von dem sich der Keeper nicht mehr erholt. Zum Glück für die Dortmunder gewinnen die Kölner bei den Kiez-Kickern deutlich mit 5:0 und verhindern so den Super-Gau. Mit der Rekord-Niederlage die Meisterschaft zu entscheiden, das hätte noch sehr viel mehr Spott und Häme nach sich gezogen.

Beim Debakel will man nicht unbedingt dabei sein

Am Rande der Begegnung spielen sich kuriose Szenen ab, von denen Sigfried Held im Magazin „11 Freunde" berichtet. Der ehemalige Torgarant befindet sich im Herbst seiner Karriere, in Düsseldorf sitzt er auf der Bank. Mitte der zweiten Halbzeit – es steht 0:6 – , bedeutet ihm Rehhagel, sich warmzumachen. Es entsteht der folgende, legendäre Dialog, den der damals 35-Jährige so wiedergibt: „Sigi, mach Dich fertig. Du kommst jetzt rein!" Ich habe Otto nur angeguckt und gekontert: Trainer, soll ich das Spiel etwa noch drehen?" Otto dachte kurz nach und sah es ein: „Du hast recht. Setz Dich wieder hin."

Auch „Ente" Lippens forderte Rehhagel vergebens auf, sich einwechseln zu lassen. Wer will auch schon freiwillig mitmachen bei einem Debakel, das seinesgleichen sucht? Es war einfach nur peinlich, „am Ende musste der Schiri die Bälle selbst aus unserem Netz fischen, weil Peter Endrulat sich nur noch schämte", erinnert sich Held. Es wurde in der Folgezeit nicht besser, Borussia Dortmund hatte sich in Fußball-Deutschland zur Lachnummer schlechthin gemacht. Und das bekamen die Spieler zu hören, als sie in der Sommerpause zu Freundschaftsspielen aufliefen: „Was wir uns da alles anhören mussten", so Held, „war fast noch schlimmer als diese Niederlage gegen Gladbach."

Plötzlich ein „Torhagel": Otto Rehhagel

Kaum zu glauben

Ein Löwe im BVB-Wappen

41

Wer sich schon einmal mit Borussia Dortmund beschäftigt hat, weiß genau, dass dieses Logo unverrückbar ist: Da sind zunächst einmal die drei Buchstaben B, V und B in einem Kreis zu sehen, und zwar links das B, schräg darüber das V und schräg rechts darunter ein weiteres B. Darunter befinden sich die beiden Ziffern 0 und 9, die das Gründungsjahr des Vereins bezeichnen. Das ganze Arrangement natürlich in schwarzer Schrift auf gelbem Hintergrund.

So weit so gut, diese Anordnung ist unverrückbar, da geht niemand ran. Bis in alle Ewigkeit. Amen. Sollte man meinen, doch in den 1970er-Jahren, als Marketing im Vergleich zu heute noch in den Kinderschuhen steckte, wagte sich der BVB auf ungewohntes Terrain. Nachdem Eintracht Braunschweig mit dem legendären Jägermeister-Hirsch den Weg für Trikotwerbung geebnet hatte, zog der BVB nach und tat etwas Ungeheuerliches, für das Fußball-Puristen etwa heute diejenigen Vereine verachten, die beispielsweise einen roten Bullen in den Fokus rücken.

Samson, nicht unbedingt ein Glücksbringer

Wie konnte es im traditionsbewussten Dortmund so weit kommen, dass sie beim Verein das Sakrileg begingen, ihr Erkennungszeichen massiv zu verändern? Es lag am neuen Sponsor der Borussia: „Samson", die Marke eines holländischen Tabakkonzerns, führte einen Löwen im Firmenlogo – eben jener zierte von 1976 bis 1978 tatsächlich das BVB-Wappen. Manchem ist auch noch die Werbebotschaft im Kopf geblieben, die die Raucher dazu animieren sollte, ihre Tabakerzeugnisse selbst zu drehen: „Denn frisch schmeckt besser".

Doch damit nicht genug: Dem Verein wurde auch noch ein Löwenbaby namens „Sambo" als Maskottchen übergeben. Was dem 1. FC Köln sein Geißbock Hennes, war den Dortmundern plötzlich ihr Löwe Sambo. Und so sangen die Fans im Westfalenstadion ihrem Trainer Otto Rehhagel vor jedem Heimspiel mit Inbrunst zu: „Otto, lass die Löwen los!"

Doch so richtig zupackend präsentierten sich die Spieler nicht. Ein achter und ein elfter Platz zeugen davon, dass Sambo wohl eher Kuschel- denn Raubtier war. Schlimm gestaltete sich vor allem das letzte Saisonspiel der Saison 1977/1978, das die zahnlosen Dortmunder Löwen im Düsseldorfer Rheinstadion gegen Borussia Mönchengladbach mit 0:12 verloren. Es ist bis

Schaut ein bisschen gequält: Der Löwe Samson.

heute die höchste Niederlage in der Geschichte der Bundesliga: Die Gladbacher, die an diesem Nachmittag eine mitreißende Vollgas-Veranstaltung
hinlegten, hatten den dafür passenden Trikotsponsor: Erdgas. Die Dortmunder mussten monatelang jede Menge Spott ertragen und die Risse in
ihrer arg ramponierten Fassade versorgen. Dazu eigneten sich die Produkte
ihres neuen Trikotsponsors ganz hervorragend: Prestolith. Füllspachtel.

Michael Zorc

Das Urgestein

42

Als Michael Zorc 1981 zur ersten Mannschaft von Borussia Dortmund kam, lernte er, dass das Dasein als Fußballprofi nicht nur Annehmlichkeiten bereit hält. Die tägliche Arbeit forderte von diesem jungen Mann alles ab. Sein damaliger Trainer Branko Zebec galt als harter Hund, der von seinen Spielern viel verlangte. Nebenher musste der junge Hüpfer mit der beeindruckenden Mähne auch noch die Schulbank drücken, um sein Abitur zu machen.

„Es war eine verdammt anstrengende Zeit", erinnert sich Zorc. Apropos Mähne: Seiner lockigen Haarpracht verdankt der Junge aus dem Dortmunder Norden seinen Spitznamen, den er von Rolf Rüssmann verpasst bekam: „Susi". Diese Bezeichnung hat Zorc nie gefallen, was auch daran gelegen haben dürfte, dass er auf dem Fußballplatz alles andere als mädchenhaft agierte. Zorc konnte kämpfen, er biss sich durch und trotzte allen Widrigkeiten.

Die Instanz

Der defensive Mittelfeldmann, der 1981 mit der von Dietrich Weise trainierten Junioren-Nationalmannschaft Europameister und Weltmeister geworden war, etablierte sich schon in jungen Jahren in der Dortmunder Mannschaft und war danach nicht mehr wegzudenken. „Er verkörpert die Primärtugenden dieser Region", sagte der damalige Manager Michael Meier über den langjährigen Kapitän: „Er ist bodenständig, kampfstark, zuverlässig und bescheiden." Trotz all der Superstars neben sich wurde Zorc zum wichtigsten Spieler seiner Epoche. Dabei gab es immer Kollegen, die mehr Strahlkraft besaßen. Ob Möller, Sousa, Chapuisat oder Sammer: Der Abräumer hielt den Stars den Rücken frei.

Zudem ist Zorc eine treue Seele, wie sie in der Glitzerwelt des Profifußballs selten zu finden ist: Als B-Jugendlicher kam er vom TuS Eving-Lindenhorst zum BVB und blieb dort bis zum Ende seiner Laufbahn. Was Uwe Seeler für den HSV oder Karl-Heinz Körbel für Eintracht Frankfurt, das ist Michael Zorc für Borussia Dortmund: Eine Instanz. Selbst die Bayern-Ikonen Franz Beckenbauer, Gerd Müller und Uli Hoeneß spielten zwischendurch für andere Klubs. Mehr als 40 Jahre blieb er beim BVB – seit 1998 als dienstältester Sportdirektor der Liga – bevor er 2022 in den Ruhestand ging. Auch danach bleibt er das Gesicht der Borussia.

Einer der Größten in Schwarz-Gelb: Michael Zorc

1982: Rekordsieg

11:1 gegen Arminia Bielefeld

43

Ob Olli Isoaho noch manchmal nachts schweißgebadet aufwacht und an traumatische Erlebnisse im Westfalenstadion zurückdenkt, ist nicht überliefert. Der Torhüter aus Finnland stand in den 1980er-Jahren bei Arminia Bielefeld unter Vertrag und war Protagonist einer Begegnung, die in die Geschichtsbücher der Bundesliga eingehen sollte.

Als Borussia Dortmund am zwölften Spieltag der Saison 1982/1983 auf die Arminia traf, hatte der BVB eine ziemlich gute Phase erwischt: Er wurde

Es rappelt im Karton: Zweistellig gegen Arminia

in der Bundesliga nach sieben Siegen, drei Unentschieden und nur einer Niederlage an Position zwei geführt – das konnte sich wirklich sehen lassen. Die Tabelle führte zu diesem Zeitpunkt der Hamburger SV an, der zwar punktgleich war, aber eine um acht Tore bessere Tordifferenz gegenüber den Dortmundern aufwies. Auch die Arminen waren gut in die Saison gestartet und lagen auf Platz sechs.

Die Oma ist wichtiger

Die erste Halbzeit verlief vor 34.000 Zuschauern wie viele tausend Partien vorher und nachher auch: Das Spiel plätscherte vor sich hin, nach 45 Minuten stand es 1:1. Was danach passierte, ist schlichtweg unerklärlich: Der BVB fegte wie ein Tornado über seinen bemitleidenswert überforderten Gegner hinweg. Als der irre Sturmlauf beendet war, stand es 11:1.

Zehn Tore in einer Halbzeit, das hat es in mehr als 50 Jahren Bundesliga nur dieses eine Mal gegeben. Im Blickpunkt stand dabei Manfred Burgsmüller. Dem Dortmunder Torjäger gelangen fünf Treffer. Er hätte sogar für einen weiteren Rekord sorgen können. Sechs Treffer in einer Begegnung, das ist in der Bundesliga nur Dieter Müller vom 1. FC Köln gelungen. Burgsmüller würde heute in einem Atemzug mit Müller genannt, doch beim Stande von 10:1 verzichtete er darauf, einen Strafstoß zu schießen und überließ lieber dem Kollegen Lothar Huber das Erfolgserlebnis. Es war ein wahnsinniges Spektakel, die Fans kamen aus dem Jubeln gar nicht mehr heraus.

Auch nach dem Abpfiff blieb es unterhaltsam: Als der Mann des Tages, „Manni" Burgsmüller, vom ZDF-Reporter gefragt wurde, ob er nicht am Abend ins Sportstudio kommen wolle, um dort vor einem Millionen-Publikum auf dem Sofa Rede und Antwort zu stehen, sagte der Torjäger dem verdutzten Fernsehmann mit dem für ihn typischen Ruhrpott-Mutterwitz ab. „Ich habe eine Familienfeier. Oma Frieda wird über 80."

1984 – da bebte der Beton

Daniel Simmes schießt das Tor des Jahres

44

Es soll Leute gegeben haben, die am Nachmittag des 5. Oktober 1984 zwar im Westfalenstadion waren, doch als sich das Highlight des Nachmittags – ach was, der ganzen Saison – ereignete, da waren sie nicht auf ihrem Platz, sondern gerade auf der Toilette. Dass etwas Besonderes passiert war, bekamen auch sie mit, denn über ihnen erbebte die Südtribüne, der Beton erzitterte in seinen Grundfesten.

Ein junger Kerl, 18 Jahre, hatte sich in der eigenen Hälfte den Ball geschnappt und tanzte seine bemitleidenswerten Gegenspieler von Bayer Leverkusen aus, als seien sie Statisten im westfälischen Volkstheater. Sieben Spieler in Weiß ließ er auf seinem Weg in den gegnerischen Strafraum stehen wie Slalomstangen und schob den Ball dann auch noch am Torwart vorbei ein. Ein episches Solo, ein Traumtor, eine Ode an die Schönheit des Fußballs.

Es war das erste Bundesligator von Daniel Simmes, es sollte sein schönstes bleiben. Tor des Jahres 1984, na klar. Der Stürmer erinnert sich: „In dem Moment denkst du nicht daran, dass du ein Tor schießen wirst. Die haben mich zwar angegriffen links und rechts, aber niemand konnte mir den Ball wegnehmen." Simmes wirbelt weiter, nach der Führung gelingt ihm auch noch die Flanke, die zum 2:1-Siegtreffer führt.

Unerklärliche Formschwankungen

„A Star is born" – da sind sich die Experten einig. Dieser Junge – so viel ist sicher – hat eine ganz große Karriere vor sich. Er habe bereits einige Monate vorher einen unterschriftsreifen Vertrag des FC Barcelona vorliegen gehabt, erinnert sich der gebürtige Dortmunder, „aber für mich war es nie eine Option, den BVB zu verlassen". Der schnelle Ruhm verblasste ebenso schnell, wie er gekommen war, weil Simmes immer wieder von rätselhaften Formschwankungen heimgesucht wurde, die sich niemand erklären konnte. Dann schlich der sonst so pfeilschnelle Profi über den Rasen wie ein Rentner auf dem Weg zum Seniorensport und fragte sich: „Woran liegt das, dass ich heute wieder nicht laufen konnte?"

Auch in Karlsruhe und später in Belgien nimmt die Karriere keine Fahrt auf. Die Antwort auf all die Unpässlichkeiten gibt es erst viele Jahre später, als die Laufbahn längst beendet ist: „Es stellte sich heraus, dass ich mit

Wie Maradona: Daniel Simmes

Herz-Rhythmus-Störungen geboren wurde." Ein Handicap, das nicht rechtzeitig erkannt wurde: „Das tut weh", sagt Simmes, „wenn man darüber nachdenkt, was alles möglich gewesen wäre. Die Türen waren ja alle geöffnet."

Immerhin, diesen famosen Auftritt, als Daniel Simmes im Stile eines Diego Maradona losstürmte, den kann ihm keiner nehmen. Es war das Tor des Jahres 1984.

Bruno Reckers

Unikum und Rekordfan

45

Wenn jemand für sich das Recht in Anspruch nehmen kann, die Südtribüne des Dortmunder Stadions als sein Wohnzimmer zu betrachten, dann ist das Bruno Reckers. Der Mann ist ein Unikum, bekannt wie ein bunter Hund, omnipräsent, wo auch immer seine Borussia spielt, und ein wandelnder Anekdotenschatz.

Weit mehr als 2.000 Spiele seines BVB hat der gelernte Gewürzmischer, der sich mittlerweile im Ruhestand befindet, inzwischen im Stadion gesehen. So ganz genau habe er nicht mitgezählt, „aber so ungefähr kommt das schon hin. Ich kann mir nicht vorstellen, dass es viele Fans gibt, die mehr Partien gesehen haben. Vielleicht gibt es einige, die mehr Heimspiele gesehen haben, aber weil ich viel auswärts fahre, summiert sich das unheimlich. Es kann durchaus sein, dass es keinen gibt, der so viele Spiele gesehen hat."

Unterwegs im Wohnmobil

Reckers wird in Bergkamen geboren. Als er zehn ist, verliert er sein Herz an Schwarz-Gelb. Es ist eine Liebe, die in den kommenden Jahren stetig wachsen und nie zu Ende gehen wird. Im Buch „Dortmunder Jungs" erinnert sich Reckers an die Anfänge: „Das erste große Erlebnis war das Finale um die Deutsche Meisterschaft 1963 in Stuttgart gegen den 1. FC Köln. Ein tolles Spiel, „Hoppy" Kurrat machte damals eines seiner wenigen Tore, so ein Kullerball, der dem Torwart durchrutscht. Damals war ich zehn und hab' richtig Feuer gefangen, als ich das Endspiel im Fernsehen sah."

Zwei Jahre später ist der junge Bursche erstmalig in der Kampfbahn Rote Erde. Es dauert nicht mehr lang, bis er der Borussia komplett verfallen ist und von da an – bis heute – so gut wie alle Heim- und Auswärtsspiele mitnimmt. Als Schüler erlebt Reckers hautnah mit, wie der BVB sich aufmacht als erster deutscher Verein den Europapokal zu gewinnen. In den Jahren darauf

begleitet er den schleichenden Niedergang. Der schwere Weg in die Zweit-
klassigkeit in den 1970er-Jahren kann Brunos Treue zu seinem Verein
nichts anhaben. Als Auszubildender fährt er per Anhalter zu den Begegnungen, als Geselle begleitet er seine Borussia bis zu den entferntesten Freundschaftsspielen mit dem Tramper-Monats-Zugticket. Von Mostar über
Craiova durch ganz Europa – Bruno ist immer mit dabei. Selbst das Welt-
pokalfinale in Tokio am Fuße des Fuji erlebt er hautnah mit.

Besonders abenteuerlich war die Wohnmobil-Tour 1990 ins rumäni-
sche Craiova. Zu dieser Zeit versank der gesamte Ostblock im Chaos.
Reckers und seine Mitstreiter mussten ungeplante Umwege in Kauf nehmen und Grenzposten bestechen, um ihr Ziel zu erreichen, ein UEFA-
Pokal-Auswärtsspiel von Borussia Dortmund sehen zu können. Über seine
zahlreichen Erlebnisse als Fan von Borussia Dortmund hat Bruno Reckers
ein Buch verfasst, das den Titel „Vom Borsigplatz zum Fujijama – Mein
Leben mit dem BVB" trägt. Die Erinnerungen sind lesenswert. Reckers
schreibt exakt so, wie er ist: Bodenständig, ehrlich, geradeheraus, authen-
tisch.

Stets durstiges Unikum: Bruno Reckers (links)

Pfingstmontag 1986

Die Kobra rettet Dortmund

46

Der Schicksalstag von Borussia Dortmund war der Pfingstmontag im Jahre 1986: Zwei Tore muss Dortmund gegen Fortuna Köln aufholen, um in den Relegationsspielen die Chance auf den Klassenerhalt zu wahren. Kurz vor Spielende führen die Gastgeber mit 2:1, es scheint alles verloren, doch dann kommt Jürgen Wegmann. Im Magazin „11 Freunde" erinnerte sich der Stürmer, der

Überlebenswichtig: Die „Kobra" hat zugeschlagen.

sich selbst als „Kobra" bezeichnete, an sein erlösendes Tor, das dem BVB den Weg in die so erfolgreiche Gegenwart ebnete.

Die 90. Minute

„Es war heiß, so unglaublich heiß, als wir aus dem Kabinengang des restlos ausverkauften Westfalenstadions traten. Es war ein schwerer Gang: Frank Pagelsdorf, Horst Hrubesch, Michael Zorc, Eike Immel – wir alle standen unter einem fürchterlichen Druck, weil wir das Hinspiel in Köln mit 0:2 verloren hatten. Wir führten, aber die Zeit rannte uns davon. Noch heute sehe ich die große Stadionuhr vor mir, die Zeiger drehten sich unerbittlich. Der Abpfiff rückte immer näher, wir waren körperlich am Ende, die

Beine waren schwer, der Kreislauf spielte verrückt, und auch das Publikum hatte die Hoffnung eigentlich schon aufgegeben. Doch ich spürte tief in mir, dass da noch was gehen musste.

Es brauchte nicht schön zu sein, aber rein musste er doch, dieser verdammte Ball. Dann kam die 90. Minute. Plötzlich kommt der Ball hoch in den Strafraum, Ingo Anderbrügge zieht ab, und Kölns Torhüter Jarecki, der bis dahin alles, aber auch wirklich alles gehalten hatte, macht den einzigen Fehler in diesem Spiel und lässt den Ball abprallen. Ich stehe da, wo ich stehen muss, treffe den Ball mit dem linken Fuß mehr schlecht als recht, und das Ding kullert hinter die Linie. Astreines Abstaubertor, aber die waren mir eh die liebsten."

Es brach ein ohrenbetäubender Jubel los, Michael Zorc erinnert sich daran, „wie das Stadion kochte, das sehe ich am Spielfeldrand unseren Präsidenten Dr. Rauball, wie er wie ein Verrückter am Gitter rüttelt." Der Jurist erinnert sich noch gut an den Tag, als der BVB kurz vor dem Abgrund stand: „Ich muss aschfahl ausgesehen haben, ich hatte eiskalte Hände." Dank der „Kobra" ist es gerade noch einmal gut gegangen. Wenige Tage später gewann die Borussia das Entscheidungsspiel im Düsseldorfer Rheinstadion gegen ersatzgeschwächte Kölner überaus deutlich mit 8:0 und blieb damit erstklassig.

1989: Nobby Dickel

Held von Berlin

47

Norbert Dickel kommt aus Siegen, einer kleinen Stadt, die hundert Kilometer von Dortmund entfernt liegt. Und doch verkörpert er den Fußballverein Borussia Dortmund wie kaum ein anderer. Wenn einer schwarz-gelbes Blut in seinen Adern fließen hat, dann ist es dieser kantige Stürmer. Dickel lebt für Borussia Dortmund. Und wenn er seine Gesundheit für den Verein seines Herzens opfern muss, dann tut er auch das.

1989 brach beim Halbfinale des DFB-Pokals gegen den VfB Stuttgart eine alte Knieverletzung wieder auf, der Einsatz beim Endspiel in Berlin schien ausgeschlossen. Die notwendige Operation erfolgte postwendend, um Dickel doch noch spielfähig zu bekommen. Richtig geklappt hat das nicht, sieben Wochen später lief es beim Goalgetter noch immer nicht richtig rund. Als das Spiel der Spiele gegen Werder Bremen anstand, hatte Dickel nur zwei Mal leicht trainiert. Horst Köppel stand vor einer schweren Entscheidung: Sollte er einen Stürmer bringen, der gerade erst dem Krankenbett entstiegen war? Dortmunds Trainer zauderte, andere waren in ihrer Meinungsfindung bedeutend weiter. „Die Mannschaft hat sich ganz klar dafür ausgesprochen, Norbert spielen zu lassen", erinnert sich Günter Kutowski. „Wir hatten das Gefühl, dass er uns entscheidend helfen kann."

Die Titelmelodie von „Flipper"

Der Rest ist Geschichte: Dickel lief auf und entschied mit zwei Toren das Finale. Und das mit Tretern, die eigentlich schon ausrangiert waren: Betreuer „Bomber" Wiegand hatte aus Aberglauben die alten Fußballschuhe von Dickel, mit denen er in den Monaten vor seiner Verletzung Tor um Tor geschossen hatte, rausgeholt und repariert. Nach seinem größten Spiel ist Dickel kaum noch in Erscheinung getreten. Das Knie machte nicht mehr mit, er hatte zu früh angefangen. Ein Opfer, das sich gelohnt hat, wie er beteuert: „Ja, ich würde es wieder tun!", dieser Satz ist heute im Westfalenstadion verewigt.

Was einen in Dortmund zum Helden macht, hat Dickel einst Holger Gertz von der „Süddeutschen Zeitung" berichtet: „Du musst fighten, kämpfen, rennen, alles geben. Das ist es. Mehr nicht." Mehr als 20 Jahre nach dem Finale von Berlin verehren die Fans Norbert Dickel noch immer. Wenn der heutige Stadionsprecher vor die „Gelbe Wand" tritt, um die

Der Held mit dem Pott, daneben schaut Thomas Kroth zu.

Mannschaftsaufstellung zu verlesen, spielte sich jahrelang ein immer wie-
derkehrendes Ritual ab: Zur Titelmelodie der Kinderserie „Flipper" skan-
dierten die Fans: „Wir singen Norbert, Norbert, Norbert Dickel, jeder
kennt ihn, den Held von Berlin." Hunderte Male hat Dickel das Wechsel-
spiel mit der weltweit größten Stehplatztribüne vorgeführt: „Es ist wirklich
wahr – ich bekam jedes Mal eine Gänsehaut."

Europapokal 1990

Das letzte Spiel vor der Wiedervereinigung

48

Siebzehn Mal gab es in der Geschichte des Europapokals eine Begegnung zwischen Ost und West, zwischen der Bundesrepublik Deutschland und der Deutschen Demokratischen Republik, abgekürzt DDR. Es waren immer Duelle, in denen es um mehr ging als um Fußball: Es waren ideologisch aufgeheizte Auseinandersetzungen zweier Systeme. Legendär sind vor allem die Spiele zwischen Bayern München und Dynamo Dresden, in denen sich die Dinge

Historisch: Der BVB macht im Osten das Licht aus.

so hochschaukelten, dass der Betrachter zur Überzeugung gelangte, der kalte Krieg werde auf dem Fußballplatz ausgetragen.

Beim letzten dieser sportpolitisch brisanten Begegnungen traf Borussia Dortmund auf den Chemnitzer FC. Das Hinspiel fand am 19. September 1990 im Westfalenstadion statt. Ein Jahr, bevor auch im Fußball zusammenwuchs, was zusammengehörte und die Bundesliga mit den Klubs Dynamo Dresden und Hansa Rostock ergänzt und deshalb zwischenzeitlich auf 20 Klubs aufgestockt wurde, spielten die höchsten Ligen der beiden deutschen Staaten noch nebeneinander und entsendeten ihre Vertreter in die europäischen Wettbewerbe.

10 Mark Eintritt

Borussia Dortmund wurde im UEFA-Pokal ein Verein zugelost, der gerade richtungsweisende Zeiten erlebte: Der FC Karl-Marx-Stadt hatte sich nur wenige Wochen vor den Spielen gegen den BVB in Chemnitzer FC umbenannt. Es war die Reaktion darauf, dass sich die Bürger der Stadt mit großer Mehrheit dafür entschieden hatten, den alten, bis 1953 gültigen, Städtenamen wieder anzunehmen. Es lag also Geschichte in der Luft, als im Europapokal zum letzten Mal Deutschland Ost und Deutschland West die Klingen kreuzten. Sportlich war die Sache weit weniger brisant, der BVB gewann das Hinspiel vor 30.000 Besuchern durch Tore von Thomas Helmer und Frank Mill relativ ungefährdet mit 2:0.

Das Rückspiel fand an einem historischen Datum statt: Es war der letzte Tag der DDR. Zehn Mark kostete die Eintrittskarte im Ernst-Thälmann-Sportforum. Rolf Nielinger von der Westdeutschen Allgemeinen Zeitung (WAZ) in Essen schreibt in seinen Erinnerungen: „Im kleinen, offenen Stadion waren 11.904 frohgelaunte Zuschauer, etwa 2.200 davon BVB-Fans, und bereits kurz vor dem Anpfiff wurden Raketen und Böller gezündet. So etwas hatte auch ich zuvor noch nicht gesehen. In der ganzen Stadt gab es überall Feuerwerk zu kaufen, und man konnte es ohne weiteres auch mit ins Stadion nehmen – die Feierlichkeiten der Deutschen Einheit hatten halt alle erfasst. Die Fans auf beiden Seiten brannten während des kompletten Spiels ihr Feuerwerk ab." Offensichtlich war Pyrotechnik zu Zeiten der Wiedervereinigung noch nicht ein solches Reizthema wie heute.

Dass Thomas Helmer und Michael Rummenigge für den BVB trafen und der Revierklub damit auch das Rückspiel gewann, war lediglich eine Randnotiz. Viel wichtiger war: Am Tag darauf war die DDR Geschichte. Am 3. Oktober 1990 feierten die beiden bis dahin geteilten deutschen Staaten ihre Wiedervereinigung. Und die Borussia hatte ihren Beitrag dazu geleistet, auch im Fußball das Buch der Teilung zu schließen.

Der spannende 16. Mai 1992

Lebbe geht weida

49

Der letzte Spieltag der Saison 1991/1992 gehörte zu den spannendsten der Bundesliga-Geschichte. Gleich drei Vereine konnten sich auf der Zielgeraden dieser langen Saison – durch die Wiedervereinigung gingen gleich 20 Vereine in der 1. Liga an den Start – noch die Schale sichern. Frankfurt war als Tabellenführer der klare Favorit, die Hessen mussten nur noch beim klaren Außen-

Wahrer Meister: Die BVB-Fans feierten trotzdem.

seiter in Rostock gewinnen. Stuttgart und Dortmund nahmen als Tabellenzweiter und –dritter die Rolle der Außenseiter ein. Wir schreiben den 16.
Mai 1992, ein Samstag. Es ist brütend heiß in Deutschland, im Duisburger
Wedaustadion, wo der BVB seine Chance wahren will, rennen die Menschen zwischendurch immer wieder auf die Toilette, um sich Wasser über
den Kopf zu schütten.

Das Schicksal schlug vier Minuten vor Ende zu ...

Es ist ein Nachmittag, den niemand vergessen wird. Die Borussia
geht beim MSV früh durch einen Treffer von Stéphane Chapuisat in
Führung. Danach gilt die Aufmerksamkeit vor allem der Uhr und den un-

zähligen Radios, die auf den Tribünen das
Spielgeschehen in den anderen Stadien vermit-
telt. Es ist dramatisch: In Rostock läuft es für
die Eintracht schlecht, in der Schlussphase verweigert der Schiedsrichter dem Titelaspiranten
einen klaren Elfmeter.

In Leverkusen steht es unentschieden, zudem hat der VfB Stuttgart mit Matthias Sammer seinen besten Mann durch einen Platzverweis verloren. In Duisburg und in Dortmund
schwitzen und bangen zigtausende Fans in
Schwarz und Gelb und schicken Stoßgebete in
den strahlend blauen Himmel, der Unparteiische möge doch bitte endlich abpfeifen und
sie erlösen.

Bis zur 86. Minute bleiben die Borussen auf
Meisterkurs, dann kommt aus dem Radio die
Nachricht, die keiner hören mag: Guido Buch-
wald hat einen Eckball mit dem Kopf über die
Linie gewuchtet, der VfB ist Meister. Der BVB
war zwar nur als Dritter in den Showdown gestartet, aber nach diesem Spielverlauf tut die
Vize-Meisterschaft dann doch weh. Aber was
sollen erst die Frankfurter sagen, die am Boden
zerstört sind? Ihr Trainer Dragoslav Stepano-
vic, Serbo-Hesse aus Leidenschaft, findet Worte, die aufgrund ihres philosophischen Tief-
gangs in den Legendenschatz der Bundesliga
eingehen werden: „Lebbe geht weida!"

„Kutte" & „Willi" Burgsmüller

Zwei Turban-Geschichten

50

Der Turban ist zwar eine typisch orientalische Kopfbedeckung, doch er spielt auch in der Geschichte von Borussia Dortmund eine gewisse Rolle. Viele Fans erinnern sich noch an das UEFA-Pokal-Achtelfinale der Saison 1992/1993, als der BVB auf den spanischen Vertreter Real Saragossa traf. Beim Rückspiel im Estadio La Romareda lieferte Verteidiger Günter Kutowski Stoff für Legendenbildung, als er sich eine klaffende Kopfwunde verbinden ließ, weiterspielte und sich bei den Fans endgültig den Ruf des unermüdlichen Kämpfers erwarb, für den das Wort „Aufgabe" ein Fremdwort ist.

Kutowski erinnert sich an den November-Abend in Spanien wie folgt: „Ich wollte unbedingt das Spiel gewinnen. Es lief auch ganz ordentlich. Für mich war klar, dass ich die Partie beenden wollte. Der erste Turban war ziemlich schnell wieder blutrot. Der Schiedsrichter wollte mich nicht wieder auf den Platz lassen. Unsere Physiotherapeuten haben dann noch einmal nachgeholfen, dass wenigstens kein Blut mehr fließt. Aus so einem Spiel geht man nicht raus."

Schönheit muss nicht sein

Genau das wollen die Fans sehen. Günter Kutowski, den alle nur „Kutte" rufen, bleibt über seine Karriere hinaus ein Spieler, mit dem sich die Fans identifizieren. Die Wertschätzung beruht auf Gegenseitigkeit: „Borussia Dortmund wird immer mein Verein bleiben", sagt Kutowski: „Erst als Spieler und jetzt als Fan und Zuschauer. Man zittert mit." Der Defensivspezialist war bereits der zweite Dortmunder, der sich von einer Wunde am Kopf nicht davon abhalten ließ, weiterzuspielen. Als Vorreiter gilt Willi Burgsmüller, BVB-Legende und dreifacher Deutscher Meister (1956, 1957, 1963). Der Ur-Dortmunder, der 1951 vom Vorortverein Westfalia Huckarde zur Borussia kam, führte seine Mannschaft als Spielführer ins Meisterschaftsfinale gegen den 1. FC Köln, das 1963 in Stuttgart stattfand. Nach der frühen BVB-Führung durch „Hoppy" Kurrat drängten die Rheinländer mit Macht auf den Ausgleich, als Burgsmüller bei einem Zweikampf mit dem Stollen am Kopf getroffen wurde.

Der Verteidiger erinnert sich: „Ich bin mit der Hand so über die Stirn drüber gegangen, und plötzlich hatte ich alles voller Blut." Ein Pflaster half nicht, es musste schon ein richtiger Verband her, um die Blutung zu stillen. Der Turban im Fußball war geboren.

Schönheitspreise gab es dabei nicht zu gewinnen, es ging um reinen Pragmatismus. „Mach schneller", sagte Burgsmüller dem Dortmunder Mannschaftsarzt, „ich muss wieder rein." Der Kapitän verspürte „überhaupt keine Angst", mit seiner Platzwunde zum Kopfball zu gehen: „Wenn du heute die Spieler siehst, wie die zu Boden gehen. Da meinst du, die wären halbtot. Und im nächsten Moment springen sie wieder auf und haben nichts. Ich ging weiter in jeden Zweikampf, als wäre nichts gewesen. Diese Mentalität von heute, sich bei jedem Wehwehchen behandeln oder gar auswechseln zu lassen, gab es noch nicht."

Überall Blut? Egal! „Kutte" ackert weiter

1993: Lars Ricken

Das „Wunderkind" und das Tor gegen La Coruña

51

1993 debütierte, im zarten Alter von 17 Lenzen, ein junger Mann in der Bundesliga, den sie fortan als Wunderkind verehrten. Gleich beim ersten Auftritt schoss Lars Ricken sein erstes Tor und blieb der jüngste Torschütze der Bundesliga-Geschichte, bis ihn mit Nuri Sahin ein weiterer Dortmunder ablöste. Die Journalisten schrieben Mitte der 1990er-Jahre die Geschichten vom „Bomber von der Schulbank", der nach Europapokalspielen schon mal einen früheren Flieger nehmen musste, weil am nächsten Morgen eine Englisch-Klausur anstand.

Seinen ersten unvergesslichen Auftritt hatte Ricken am 6. Dezember 1994 beim Achtelfinal-Rückspiel gegen Deportivo de La Coruña: In der Verlängerung stand es 1:1, der BVB benötigte noch zwei Tore zum Weiterkommen, es waren nur noch wenige Minuten zu spielen. Zunächst traf Riedle zum 2:1, dann folgte jener Moment, der einen Freudentaumel auslöste, den viele Zeugen auch heute noch als größte Eruption des Westfalenstadions beschreiben: In der 118. Minute tankte sich Manndecker Bodo Schmidt in den Strafraum der Spanier, von seinem Schienbein prallte der Ball vor die Füße von Ricken, der ihn knallhart unter die Latte jagte.

Manchmal muss man geerdet werden

Jahre später gab der Protagonist eines unvergesslichen Europapokal-Abends zu Protokoll: „Dieser Treffer ist zusammen mit dem Heber zum 3:1 im Champions-League-Finale gegen Juventus Turin sicherlich derjenige, der mir in der Rückschau am meisten bedeutet. Einfach deshalb, weil es ein wundervolles Gefühl ist, sich mit diesen Toren für alle Zeiten in der Vereinsgeschichte eines so großen und traditionsreichen Klubs wie Borussia Dortmund eingetragen zu haben." Groß gefeiert hat Ricken übrigens nicht. Im Gegenteil, am nächsten Morgen drückte er wieder die Schulbank. Wie die große Europapokal-Nacht ausklang, hat Lars Ricken mal in der folgenden, herrlichen Anekdote verraten: „Ganz ehrlich: Was mir zu allererst einfällt, wenn ich an den Abend des La-Coruña-Spiels denke, ist meine damalige Freundin. Die interessierte sich gar nicht für Fußball und war folgerichtig auch nicht im Stadion. Ich kam also sehr spät nach Hause, war der gefeierte Held des Spiels, gerade 18 Jahre alt und emotional ent-

Freudentaumel: Der Held ist nicht zu sehen, er ist begraben.

sprechend aufgewühlt – und meine Freundin forderte mich recht bestimmt auf, doch bitte das Geschirr abzutrocknen, das sie gerade gespült hatte. Ich merkte ganz vorsichtig an: ‚Du, wir hatten gerade ein Spiel – und ich würde mir das gerne noch einmal im Fernsehen anschauen.' – ‚Ach, ja', sagte sie, ‚Ihr habt ja gespielt. Habt Ihr denn gewonnen? Schön! Aber wenn Du gespielt hast, musst Du das doch nicht noch einmal sehen.' Ich habe ein paar Minuten heraus verhandeln können, aber dann musste ich tatsächlich abtrocknen. Und so bin ich von meiner Freundin noch am Abend des Triumphes sehr schnell wieder geerdet worden."

1993: Rot sehen

Fünf Platzverweise im Westfalenstadion

52

„Einer geht noch raus." Diese Neu-Interpretation des Gassenhauers „Einer geht noch rein" geht einem unweigerlich durch den Kopf, wenn man an ein Bundesligaspiel zurückdenkt, das Geschichte schreiben sollte. Eigentlich wäre diese Begegnung ohne großen Erinnerungswert gewesen – an jenem 1. September 1993. Der BVB empfing Dynamo Dresden, ein ganz normales Pflichtspiel an einem grauen Abend im Ruhrgebiet. Doch dann kam alles ganz anders: Fünf Platzverweise. So viele hat es in der Bundesliga bei einer Begegnung nie zuvor und nie wieder danach gegeben. Zwei rote und drei gelb-rote Karten. Ein Wahnsinn.

Leidtragender des Geschehens ist vor allem der Schiedsrichter: „Das war schlimm", erinnert sich Manfred Schmidt, Hotelier von Beruf, „wie die 30.000 gesungen haben: ‚Einer geht noch raus.'" Und es wird für ihn in den Tagen danach noch unangenehmer: Die Kampagne einer Boulevardzeitung setzt ihm zu, was darin gipfelt, „dass ich sogar Morddrohungen erhalten habe."

Eigentlich ein faires Spiel

Die Wogen glätteten sich allerdings relativ schnell. Schmidt kehrt in die Stadien zurück, pfeift noch 15 weitere Bundesligaspiele. Ohne weitere Vorkommnisse. Doch an diesem Abend ist alles anders. Es ist ein vogelwildes Spiel, in dem Stéphane Chapuisat (3) und Karl-Heinz Riedle treffen. Als erster geht Matthias Sammer, der zunächst für ein grobes Foulspiel Gelb sieht, und später seinem Spitznamen „Motzki" mal wieder alle Ehre macht: Für Meckern gibt es Gelb-Rot. Der Mittelfeldspieler ist so aufgebracht, dass er mehrmals schimpfend Nase an Nase mit dem Unparteiischen steht und fast schon um den Platzverweis bettelt. Immerhin ist Sammer einsichtig: „Ich war wohl etwas übermotiviert", gibt er später am Abend zu Protokoll.

In der Folge erwischt es noch die Dresdener Nils Schmäler und Markus Kranz sowie Dortmunds Günter Kutowski. Die Zuschauer haben ihr Spektakel und die Medien jede Menge Stoff, über den sie diskutieren können. In einer Boulevardzeitung wird Schmidt als „Rot-Rambo" tituliert und als „Schmidtchen Schmeißer" (frei nach dem Schlager des Niederländers Nico Haak: „Schmidtchen Schleicher mit den elastischen Beinen") verspottet. Er muss über sich lesen: „So einer macht den Fußball tot".

Dresdens damaliger Trainer Sigfried Held, eine Dortmunder Legende, schlägt in die gleiche Kerbe: „Wenn die Sache nicht so ernst wäre, müsste man eigentlich lachen, denn das hatte eigentlich mit einem regulären Fußballspiel nichts zu tun." Manfred Schmidt verteidigt sein Vorgehen mit den Worten: „Das, was gemacht werden musste, habe ich entschieden. Ich habe nur reagiert, die Spieler haben agiert, und ich habe auf das jeweilige Foulspiel dann reagiert." Mit 25 Jahren Abstand beurteilte der Protagonist eines unvergesslichen Abends die Dinge allerdings ein bisschen anders: „Es ist vieles unglücklich zusammengekommen. Es waren ja keine groben Fouls, eher ziemlich blödsinnige Vorfälle. Als „eigentlich faires Spiel" ist die Begegnung Schmidt in Erinnerung, der damals seine vierte Bundesligabegegnung leitet. „Da hatte ich noch ein bisschen wenig Erfahrung und hätte einiges anders machen sollen."

Das geht zu weit: Manfred Schmidt bekam Morddrohungen.

Mirko Votava

Ältester Torschütze der Liga – bis „Pizza" kam

53

Zum Feiern war Mirko Votava am 24. August 1996 eigentlich nicht zumute. Der Abwehrspieler verlor mit Werder Bremen das Bundesliga-Spiel beim VfB Stuttgart mit 1:2. Für Votava war es dennoch ein ganz besonderer Tag: Auf Vorlage von Nationalspieler Marco Bode traf der Profi, der am 25. April 1956 in Prag geboren wurde, zum 1:2 und schrieb damit Geschichte. Mit 40 Jahren, drei Monaten und 29 Tagen verdiente sich Votava das Prädikat „ältester Bundesliga-Torschütze". Ein Rekord für die Ewigkeit? Nein, der nimmermüde Claudio Pizarro traf für Werder Bremen im Februar 2019 während der Partie bei Hertha BSC per Freistoß in der Nachspielzeit und löste Votava mit 40 Jahren und 136 Tagen ab. Kurios: Mit Manfred Burgsmüller steht in der Rangliste der ältesten Torschützen – neben Votava – ein weiterer ehemaliger BVB-Akteur, der seine Karriere an der Weser ausklingen ließ.

Der für die Drecksarbeit

Miroslav, genannt Mirko, Votava zählte während seiner Dortmunder Zeit zu den stilprägenden Akteuren. Teure Stars mit feinen Füßen konnte sich die, damals überaus klamme, Borussia nicht leisten – beim BVB wurde Fußball daher gearbeitet und nicht etwa gespielt. Genau dafür stand Votava. Sein ehemaliger Trainer Otto Knefler hat über die Kämpfernatur einmal treffende Worte gefunden: „Er besitzt, was in der Bundesliga immer mehr ausstirbt: Eiserne Disziplin und den totalen Willen zur Leistung, auch wenn das mit Qualen verbunden ist."

Als Junge war der spätere fünfmalige DFB-Auswahlspieler mit seinen Eltern aus der ehemaligen ČSSR geflohen und in der kleinen Stadt Witten an der Ruhr gelandet. Als er den Spähern auffiel und den Weg zum BVB fand, zahlte sein neuer Verein dem dortigen Verbandsligisten VfL die astronomische Ablöse von 1.500 Mark. Das Geld war bestens investiert, dabei hatten es die Späher eigentlich auf den Bruder Joschi abgesehen. Der war zwar talentierter, doch das machte Mirko durch nie nachlassenden Eifer wett. Dieser Fußballer brannte und stellte sein gesamtes Können immer in den Dienst der Mannschaft.

Sein späterer Kollege bei Werder Bremen, Rudi Völler, formulierte das so: „Mirko macht für uns die Drecksarbeit im Mittelfeld." Und das über etliche Spielzeiten.

Nach einem dreijährigen Intermezzo bei Atletico Madrid im Anschluss an seine Dortmunder Zeit war dem Arbeitstier dann in Bremen noch eine lange und erfolgreiche Karriere in der Bundesliga beschieden. Mit 546 Einsätzen belegt Votava in der ewigen Rangliste den vierten Platz.

Dauerbrenner: Mirko Votava

1995 – Ein Spieler hebt ab

Möllers Schutzschwalbe

54

Einen größeren Aufreger hat es in mehr als 50 Jahren Bundesliga nur selten gegeben: Es war der 13. April 1995, als es beim Heimspiel des BVB gegen den Karlsruher SC zu einer folgenschweren Szene kam, über die Deutschland danach wochenlang erregt diskutierte. Seitdem hat der Wortschatz der Fußballer einen neuen Fachterminus: Schutzschwalbe. Dieser Begriff ist bis heute mit einem Namen verbunden: Andreas Möller.

Was war geschehen, dass die Gemüter so dermaßen in Wallung gerieten? Der BVB lag gegen den Außenseiter aus Baden mit 0:1 hinten, es drohte ein herber Rückschlag im Titelrennen. In der zweiten Halbzeit wurde Möller im Strafraum angespielt, es kam zum Zweikampf mit Dirk Schuster, der Dortmunder ging zu Boden und bekam einen Elfmeter. Die Karlsruher protestierten aufgebracht, die Fernsehbilder bewiesen, dass ihre Wut vollkommen berechtigt war.

Die Mutter aller Schwalben?

Möller war von seinem Gegner nicht berührt worden, es handelte sich um eine Schwalbe. Ein dreister Betrugsversuch, der von Schiedsrichter Habermann auch noch belohnt wurde. Er hatte es nicht besser gesehen und fiel auf die theatralische Einlage herein. Möller hob im Strafraum beschwichtigend die Hände und gab das Unschuldslamm. Doch aus dieser fiesen Nummer kam er nicht mehr raus. „Wenn man so unsportlich ist, wie er sich heute verhalten hat, spricht das Bände", sagte Karlsruhes Trainer Winfried Schäfer. Der Sündenbock hob die Angelegenheit auf eine persönliche Ebene: „Bei jedem anderen Trainer wäre ich vielleicht zum Schiedsrichter hingegangen und hätte zugegeben, dass es kein Foul war. Aber bei ihm nicht." Als der Nationalspieler über seine Beweggründe sprach, wurde es endgültig kurios. Er sei im Strafraum frühzeitig abgehoben, um der schmerzhaften Grätsche seines Gegenspielers aus dem Weg zu gehen. Der Begriff Schutzschwalbe war geboren.

Borussia drehte mit dem Elfmeter das Spiel, Schäfer schwang die moralische Keule: „Als ich vom Platz runtergegangen bin, standen da Kinder von fünf, sechs Jahren, die unserer Mannschaft den Finger gezeigt haben. Das ist das Produkt von Andi Möller." Er forderte die Journalisten auf „diese Szene jeden Tag im Fernsehen zu bringen. Damit der Fußball wieder saube-

Was wollt Ihr denn? Andi Möller nach der Schutzschwalbe

rer wird." Es folgt eine von „Bild" angeführte Kampagne, am Ende bekam Möller vom DFB-Sportgericht eine Sperre aufgebrummt. Betrugsversuche gab es in deutschen Strafräumen danach noch tausende, doch Möller blieb bis heute der einzige Spieler in der Bundesliga-Geschichte, der nachträglich für eine Schwalbe gesperrt wurde.

Die Animositäten zwischen Schäfer und Möller sind indes längst ausgeräumt: „Es ist eine Sache, die mir im Nachhinein sehr leid tut", resümierte der Sünder.

1997 – Ausflug nach England

Jürgen Kohler wird zum Fußballgott

55

Sein größtes Spiel stand unter keinem guten Stern: Als sich die Mannschaft von Borussia Dortmund im April 1997 auf den Weg nach Manchester machte, um im Halbfinale der Champions League den knappen 1:0-Vorsprung aus dem Hinspiel zu verteidigen, saß Jürgen Kohler nicht mit im Flieger. Der Manndecker blieb bei seiner Frau, die eine Fehlgeburt zu verkraften hatte.

Triumphator: Jürgen Kohler nach seinem größten Spiel

Kohler reiste erst am Spieltag nach Nordengland, um dann eine Partie zu absolvieren, die zum Eindrucksvollsten gehört, was jemals von einem Verteidiger abgeliefert wurde. Gleich drei Mal kratzte der gebürtige Pfälzer den Ball von der Torlinie, ihm allein war es zu verdanken, dass der Einzug ins Endspiel glückte. Wahrscheinlich wacht Eric Cantona noch heute manchmal schweißgebadet auf, wenn er davon träumt, wie er den Ball nur noch über die Linie drücken muss, und plötzlich liegt dieser verdammte Deutsche vor ihm und blockiert den Weg.

Auf ihn kann man sich verlassen

Jürgen Kohler war ein Naturereignis, ein Fußballer, der seine Kontrahenten durch puren Willen und nie nachlassende Zähigkeit zermürbte. „Mann oh Mann, ein echter Eisenfuß", sagt sein Kollege Günter Kutowski, der als Manndecker selbst kein Kind von Traurigkeit war, voller Hochachtung: „An dem ist nichts und niemand lebend vorbeigekommen." Der Torhüter Angelo Peruzzi, mit dem Kohler bei Juventus Turin in einer Mannschaft spielte, formulierte: „Zu sehen, wie er seinem Gegner folgte, war traumhaft und gruselig zugleich. Er hat ihn regelrecht aufgefressen." In seiner Autobiographie „An mir kommt keiner vorbei", adelte ihn Franz Beckenbauer mit den Worten: „Jürgen Kohler ist einer der unerbittlichsten und hartnäckigsten Abwehrspieler, die es jemals gab. Für jeden Trainer, für jede Mannschaft ist er so sicher wie die Bank von England. Auf den Jürgen kannst du dich immer verlassen."

Jürgen Kohler schaffte vor allem mit harter Arbeit den Weg nach ganz oben und orakelte: „Leuten wie mir baut man keine Denkmäler." Weit gefehlt: Nach seinem denkwürdigen Auftritt in Old Trafford hoben die Dortmunder den Weltmeister von 1990 in den Rang der Unsterblichkeit. Fortan riefen die Fans bei seinen Auftritten: „Jürgen Kohler Fußballgott!"

1997: Ricken, lupfen jetzt

56

Einfach der Mann für die entscheidenden Situationen

Lassen wir den Reporter Manni Breuckmann zu Wort kommen: „Und jetzt kommt Lars Ricken, der gleich das Spiel entscheiden wird – zumindest hoffen wir das." Oder den Kollegen Marcel Reif: „Der Mann mit dem entscheidenden Tor in Auxerre, mit dem entscheidenden Tor in Manchester... Möller, Ricken, Ricken, lupfen jetzt. Jaaaaa. Fünf Sekunden auf dem Platz, fünf Sekunden. Lars Ricken! Die Gebrüder Grimm drehen sich im Grabe um. Also das sind Märchen, die gibt es nicht."

Gibt es doch. Um der Chronistenpflicht Genüge zu tun: Wir befinden uns in München, es ist der 28. Mai 1997. Der Tag, an dem Borussia Dortmund das Champions-League-Finale gegen Juventus Turin gewann. Die Rede ist von einem der bedeutendsten Tore in der Geschichte des deutschen Vereinsfußballs. Geschossen hat es Lars Ricken, der sich mit einem Heber aus über 20 Metern unsterblich machte, weil er mit dem Treffer zum 3:1 das Spiel entschied. Lars Ricken war ein Ausnahmetalent und zudem ein echter Dortmunder Junge. Wie Michael Zorc und Stefan Klos spielte er beim TuS Eving-Lindenhorst, bevor er den Weg zur Borussia fand. Die „Westfälische Rundschau" bezeichnete ihn als „Instinkt- und Straßenfußballer, dem Spielintelligenz und -witz in die Wiege gelegt worden sind". Ein junger Mann mit solch unglaublichen Anlagen, dass der große Johan Cruyff 1995 prophezeite, er werde „in spätestens drei Jahren in Italien oder Spanien spielen".

Er spielt für seinen Herzensverein

Doch Mailand oder Madrid wurde es nie. „Hauptsache Dortmund", dachte sich Ricken und blieb Zeit seiner Karriere beim BVB. Die avisierte große internationale Karriere ist es zwar nicht geworden, doch dafür wurde Ricken bei den Borussen der Mann für die entscheidenden Situationen: „Lars hat für unseren Verein so viele extrem wichtige Tore geschossen", sagt Michael Zorc: „Dem müsste man ein Denkmal bauen." Nicht nötig, dieser Mann gehört ohnehin zu den größten Legenden in Schwarz-Gelb. Seit dem Ende seiner Laufbahn arbeitet Ricken als Jugendkoordinator für den BVB und ist für Zorc in diesem Bereich „die Visitenkarte schlechthin". Weil er den ganzen Weg gegangen ist. Den eines

Jungen, der seinen Herzensverein zum Gewinn der Champions League schießt. „Genau das", weiß Zorc, „ist doch der Traum eines jeden Spielers. Wer kann den schon verwirklichen?" Lars Ricken – ein Märchen, das noch heute Gänsehaut verursacht.

Da ist das Ding: Lars Ricken und der Henkelpott

Mehr geht nicht

Weltpokal in Tokio

57

Sechs Monate nach dem Triumph in der Champions League spielte der BVB gegen die beste Vereinsmannschaft Südamerikas um den Weltpokal. Eigentlich eine große Nummer, doch die Strahlkraft war überschaubar, denn das Spiel gegen Cruzeiro Belo Horizonte aus Brasilien fand am anderen Ende der Welt in Tokio statt. Aufgrund der Zeitverschiebung begann das Spiel in Dortmund zur Mittagsstunde – zu allem Überfluss an einem Dienstag, an dem die meisten arbeiten mussten. Der BVB gewann durch Tore von Michael Zorc und Heiko Herrlich mit 2:0, der Verein Borussia Dortmund und seine Anhänger durften sich als Weltmeister der Vereinsmannschaften fühlen. Nur wenige Fans hatten die Borussia begleitet. Einer von ihnen war Olaf Suplicki, der sich später als Vorsitzender der Fanabteilung engagierte: „Mein Sohn Tim kam am 19. November 1997 zur Welt, drei Tage später machte ich mich auf den Weg in den Fernen Osten. Ich arbeitete damals für ein japanisches Unternehmen und hatte einen großen Auftrag an Land gezogen. Mein Chef stellte mir eine Prämie in Aussicht, und ich sagte: ‚Ich würde mir gern mal das Mutterwerk in Tokio anschauen.' Das war natürlich gelogen, ich wollte unbedingt zum Spiel."

Triumph in Tokio: Weltpokalsieger

58

Die Strahlkraft der Arena

Zuschauerrekorde und der Mythos Süd

Am 14. Oktober 2016, einem Freitagabend, kam es im Dortmunder Stadion zu einem besonderen Moment: Vor dem Heimspiel gegen Hertha BSC Berlin galt es, Doreen Leder-Braun zu ehren. Was macht diese Frau so besonders, abgesehen davon, dass sie ihr Herz an Schwarz-Gelb verschenkt hat? Sie ist die 40-millionste Besucherin bei Bundesliga-Heimspielen des BVB, die in der Kampfbahn Rote Erde bzw. im Westfalenstadion ausgetragen wurden.. Borussia Dortmund war in der Geschichte der Bundesliga der erste Verein, der diese Schallmauer durchbrach. Eine gigantische Zahl, die verdeutlicht, wie viel Strahlkraft diese Arena hat. Die mit Abstand größte Attraktion dabei ist und bleibt die Südtribüne. Die Gelbe Wand ist auf der ganzen Welt bekannt, für das börsennotierte Fußballunternehmen Borussia Dortmund gehört sie zu den wichtigsten Marketinginstrumenten. Die größte Stehplatztribüne Europas ist ein Aushängeschild des BVB, der Stadt Dortmund und der Bundesliga. Wie wichtig die Südtribüne für die Atmosphäre in Dortmund ist, zeigte sich, als sie nach den Übergriffen gegen RB Leipzig beim Heimspiel gegen den VfL Wolfsburg leer blieb. „Das sind schreckliche Bilder", klagte Geschäftsführer Hans-Joachim Watzke: „Das ist eine tiefe Zäsur, der BVB ohne Südtribüne ist wie Fußball ohne Ball."

Fußball-Tempel: Dortmunds Stadion fasziniert weltweit.

1998 – Das Nicht-Spiel

Der Torfall von Madrid

59

Kein Aprilscherz: Der 1. April 1998 ging vor allem deshalb in die Geschichte des Fußballs ein, weil erst einmal kein Fußball gezeigt wurde. Was war passiert? Kurz vor Beginn des Hinspiels im Champions-League-Halbfinale zwischen Real Madrid und Titelverteidiger Borussia Dortmund rissen spanische Ultras dermaßen vehement an einem Gitter, dass das daran befestigte Tor umfiel. Das Spiel konnte somit nicht angepfiffen werden, der übertragende Sender RTL hatte ein Problem.

Der Kölner TV-Anbieter hatte jedoch zwei Vollprofis am Start, die aus der Not eine Tugend machten und das Fernsehpublikum in Deutschland mit ihrem Improvisationstheater köstlich unterhielt. Kleine Kostprobe gefällig? „Noch nie hätte ein Tor einem Spiel so gut getan." (Marcel Reif). „Für alle die, die nicht rechtzeitig eingeschaltet haben, das erste Tor ist schon gefallen." (Günther Jauch). Die beiden Protagonisten des Abends steigerten sich in einen wahren Rausch, eine Zote jagte die nächste, längst ist die legendäre Vorstellung in die deutsche TV-Geschichte eingegangen. Aber hören wir doch mal selbst rein:

Damals in Madrid: Das erste Tor ist gefallen.

GÜNTHER JAUCH Für alle die, die nicht rechtzeitig eingeschaltet haben, Sie haben etwas verpasst: Das erste Tor ist schon gefallen! Unmittelbar vor Spielbeginn. Und jetzt müssen spanische Handwerker ein neues Tor schnitzen.

MARCEL REIF Habt Ihr das gesehen, eben? Das stimmt nicht sehr optimistisch. Jetzt kommt so eine Art Aktionismus auf. Jetzt fummeln die an dem Netz rum, so wie Fischer.

JAUCH Spanische Fischer, genau.

REIF Das macht mich jetzt ganz betroffen, die warten nicht auf das neue Tor, sondern sagen: Irgendwas müssen wir machen. Lasst uns doch das Netz flicken. Wo nichts zu flicken ist!

JAUCH Wir brauchen unbedingt ein schnelles Tor!

REIF Das würde dem Spiel gut tun. Noch nie hätte ein Tor einem Spiel so gut getan wie heute hier.

JAUCH Ein frühes.

REIF Ein ganz frühes. Leute, das glaubt uns kein Mensch, was wir zur besten Sendezeit anbieten!

JAUCH Und hier sehen wir bereits das zweite Tor.

REIF So, was sagt Mario van der Ende, der Schiedsrichter?

JAUCH Oh, haben Sie diesen Daumen gesehen?

REIF Der Daumen war oben! Leute, es gibt Hoffnung!

JAUCH Daumen nach oben heißt vielleicht auch einfach: ‚Bringt mir ein neues Tor!'

REIF Frenetisch umjubelt. Jetzt kommt Real wieder auf den Platz und jetzt fällt mir wieder ein, warum ich hier bin. Eine satte Stunde ist vergangen. Was für ein Abend!

JAUCH Aber unseren Enkeln werden wir noch davon erzählen.

REIF Ja. Bernabéu.

JAUCH Das mit dem Tor. Also, es sieht so aus, als würden wir hier wirklich in Kürze zur Tat schreiten. Wir vergessen einfach, was vorher war. Seien Sie flexibel, meine Damen und Herren zu Hause. Machen Sie es doch einfach mit. Wir beginnen jetzt: Herzlich Willkommen in Estadio Bernabéu zu Madrid!

Es war verrückt, sage und schreibe 76 Minuten benötigen die Gastgeber, um ein neues Tor aufzustellen, damit das Spiel endlich angepfiffen werden konnte. Kurios dabei: Für die Show von Jauch und Reif interessierten sich in Deutschland mehr als zwölf Millionen Zuschauer, als der Ball rollte und das Spiel lief, mochte gerade mal die Hälfte der Menschen noch zusehen.

Der Fußball war quasi zur Randerscheinung geworden. Nur der Vollständigkeit halber: Der BVB verzichtete auf einen Protest, verlor mit 0:2 und schied nach einem torlosen Remis im Rückspiel aus der Königsklasse aus. Jauch und Reif wurden dagegen mit dem Bayerischen Fernsehpreis ausgezeichnet.

1998: Das Talent Thomas Häßler

Ein Publikumsliebling blieb sitzen

60

Der Fußballer Thomas Häßler, den sie aufgrund seiner Berliner Mundart „Icke" riefen, hat beim 1. FC Köln, Juventus Turin, dem AS Rom, dem Karlsruher SC und in der Nationalmannschaft unvergessliche Dribblings, Traumpässe und tolle Tore hingelegt. Zudem hat er der Fußballwelt einen unvergesslichen Spruch hinterlassen: „In der Schule gab es für mich Höhen und Tiefen. Die Höhen waren der Fußball."

Häßler erlebte eine tolle Karriere. Überall, wo er auftrat, wurde er zum Publikumsliebling. Sein wohl wichtigstes Tor erzielte er am 15. November 1989 in der WM-Qualifikation 1990 gegen Wales im Müngersdorfer Stadion von Köln. Erst sein Treffer zum 2:1 ebnete den Weg zur Teilnahme an der Weltmeisterschaft in Italien und ermöglichte der Nationalmannschaft so den Weltmeistertitel. Als späten Dank setzte Teamchef Franz Beckenbauer seinen damaligen Spielentscheider im Finale von Rom gegen Argentinien über die volle Distanz ein. Neben dem Titel als Weltmeister sicherte sich Häßler mit der DFB-Elf auch noch den Gewinn der Europameisterschaft 1996, insgesamt kam er auf 101 Länderspiele.

Kein Happy End

Eine durch und durch erfüllte Laufbahn, doch bei Borussia Dortmund zählt dieser ebenso begnadete wie sensible Kicker zu den bekanntesten Fehleinkäufen der Vereinsgeschichte. Als der verdiente Weltmeister 1998 aus Karlsruhe zum BVB kam, war der Edeltechniker 32 Jahre alt und befand sich im Herbst seiner Karriere. Als Antreiber im Mittelfeld geholt, wusste Trainer Michael Skibbe mit Häßler nichts anzufangen – er setzte vielmehr auf Andreas Möller. Der kleine Dribbelkönig durfte nicht neben dem Platzhirsch wirbeln, sondern saß vorwiegend auf der Ersatzbank und blickte unnachahmlich deprimiert auf den Rasen.

Als die Fragen der Öffentlichkeit, warum Häßler nur so selten eingesetzt werde, immer dringlicher wurden, ließ sich Skibbe zu einer Einschätzung hinreißen, die erheblichen Wirbel auslöste. Der Trainer bezeichnete Häßler als „Talent" und sorgte damit deutschlandweit für Empörung. Intellektuelle Tiefe kam später in die Diskussion, als Häßlers Gattin Angela, die ihren Mann als Managerin vertrat, keifte: „Was der Herr Skibbe denkt, interessiert uns einen Scheißdreck."

Diese Beziehung fand kein Happy End. Thomas Häßler kam in Dortmund nur auf 18 Einsätze (zwei Tore), Skibbe wurde kurz nach dem medienwirksamen Disput entlassen und der BVB rutschte unter Nachfolger Bernd Krauss von Platz sechs mitten hinein in den Abstiegskampf. Es war ein in jeder Hinsicht unrühmliches Kapitel.

Herr Skibbe, da lach ich doch: das Talent „Icke" Häßler.

2000: Udo Latteks Nicht-Abstiegsprämie

61

Rettung des Millionenkaders

In ganz Deutschland rieben sie sich verwundert die Augen und fragten sich, ob sie bei Borussia Dortmund nun komplett die Nerven verlieren: „Kein Witz – Udo Lattek soll den BVB retten!", titelte der Spiegel. Es war der 13. April 2000, als diese Meldung die Bundesliga in Atem hielt.

Die Borussia hatte sich soeben mit ihrem Millionenkader gegen die Außenseiter der SpVgg Unterhaching bis auf die Knochen blamiert. Nach dem 1:3-Heimdebakel befand sich der extrem ambitionierte Großstadt-Klub in akuter Abstiegsgefahr. Dabei hatten die Bosse Niebaum und Meier doch Großes im Sinn: Sie wollten den BVB an die Börse bringen und mit den dann sprudelnden Geldern in den europäischen Finanzadel vorzustoßen. Dieser Plan, der sich später als größenwahnsinnig herausstellen sollte, wäre beim Fall in Liga zwei frühzeitig hinfällig gewesen.

Zwei Millionen und ein Benz

Die Führungsspitze sah sich also zum sofortigen Handeln gezwungen und entließ Bernd Krauss, der erst 67 Tage zuvor als Nachfolger von Michael Skibbe eingestellt worden war. In Dortmund tobte das Chaos, Niebaum und Meier erinnerten sich an einen 65-Jährigen, der sich eigentlich darauf eingestellt hatte, als Rentner eine ruhige Kugel zu schieben. Präsident und Manager fuhren kurzerhand nach Köln, um Udo Lattek von

Ein echter Erfolgstrainer

Acht Mal Meister, drei Mal Pokalsieger, Europapokal der Landesmeister (mit Bayern München), UEFA-Pokal (mit Mönchengladbach), Europapokal der Pokalsieger (mit dem FC Barcelona): Wo auch immer Udo Lattek auftauchte, er hatte Erfolg. Angst davor, seine Meinung zu sagen, hatte der Mann, der am 31. Januar 2015 im Alter von 80 Jahren in Köln verstarb, zu keinem Zeitpunkt. Das blieb auch so während seiner Zeit als Experte beim DSF-Doppelpass. Lattek vertrat seinen Standpunkt ohne Wenn und Aber und scheute sich nicht, sich mit den Großen und Mächtigen des Fußballs anzulegen.

Der Mann mit der Kappe: Udo Lattek

ihrem Plan zu überzeugen. Das gelang ihnen mit guten Argumenten – und mit noch viel mehr Geld: Das Dortmunder Führungsduo bot dem einstigen Startrainer eine Nicht-Abstiegsprämie von zwei Millionen Mark an. Ein unglaublicher Batzen Geld bei noch fünf ausstehenden Saisonspielen. Der alte Fuchs Lattek überlegte kurz und sagte unter zwei Bedingungen zu: Das tägliche Training sollte Matthias Sammer leiten, zudem hätte er obendrauf noch gern die Edelkarosse von Niebaum, die vor dem Lokal parkte. Die Funktionäre gingen darauf ein, was blieb ihnen auch anderes übrig?

„Udo Lattek soll mit seinen fachlichen Qualitäten die Mannschaft führen, denn die Situation ist dramatisch", verkündete Sportdirektor Michael Zorc, als der Deal eingefädelt war: „Er soll den Spielern die Unsicherheit nehmen und ihnen den Glauben zurückgeben." Das gelang. Als Heiko Herrlich den BVB am 32. Spieltag in Stuttgart in der 90. Minute zum Sieg köpfte und der taumelnde Riese gerettet war, stieß der glückselige Meier mit Lattek noch in den Katakomben des Stadions an und versprach, die Millionen alsbald zu überweisen. Darauf sagte der Trainer nur: „Und den Benz vom Niebaum." Kein Problem, kurzerhand wurde die Summe großzügig aufgerundet.

Der geliebte Dede

Eine Ikone in Schwarz und Gelb

62

Am 5. September 2015 fiel für Leonardo de Deus Santos, den alle Welt nur Dede ruft, der letzte Vorhang – vor der fantastischen Kulisse von 81.359 Zuschauern. Bis heute gilt diese Partie im Dortmunder Stadion als das europaweit bestbesuchte Abschiedsspiel eines Fußballprofis.

Dede und Borussia Dortmund, das ist eine der größten Liebesbeziehungen, die es im Fußball je gegeben hat. 1998 kam ein unbekannter 20-Jähriger aus der brasilianischen Stadt Belo Horizonte ins Revier. Er blieb 13 Jahre und wurde zur Klublegende. Dede erinnert sich, wie alles begann: „Der junge Manager, der zu uns nach Brasilien kam, um mich zu holen, war Michael Zorc. Ich war sein erster Transfer, daran haben wir noch heute Spaß, wenn wir darüber reden. Ich hatte übrigens ein halbes Jahr zuvor einen Vorvertrag bei Bayer Leverkusen unterschrieben, aber der kam dann Gott sei Dank nicht zustande, weil sie Zé Roberto holten. Im Nachhinein betrachtet habe ich ganz schön Glück gehabt. Ich bin richtig happy, dass das nicht geklappt hat und ich bei Borussia Dortmund gelandet bin."

Zwei Heimaten

Der Anfang war hart, Dede sprach kein Deutsch und wusste nicht, was Winter in Mitteleuropa bedeutet: Unvergesslich die Anekdote, als Dede mit dem Taxi zum Training kam und berichtete, sein Auto sei kaputt, er könne durch die Scheiben nichts mehr sehen. Ungläubige Blicke, die sich in schallendes Gelächter verwandelten, als klar wurde: Sie waren zugefroren. Der Brasilianer meisterte auch diese Herausforderungen und wurde in seiner neuen Heimat zum Publikumsliebling. Stars kamen und gingen, Dede blieb auch dann, als sein Arbeitgeber fast pleite war und er bessere Angebote von AS Rom und anderen Klubs bekam. Getreu seinem Motto: „Fußball ist für mich nicht in erster Linie ein Geschäft, Fußball kommt vom Herzen." Als klar wurde, dass es für Dede beim BVB nicht weitergeht, waren die Szenen herzzerreißend. Der Profi erinnert sich daran, wie ihn eine alte Dame in der Fußgängerzone erkannte: „Sie lief zu mir lief, nahm mich weinend in die Arme und sagte: Dede, Du darfst nicht gehen. Du bist mehr als ein Spieler, Du bist einer von uns.'"

Dede sagt über sein Leben und seine Laufbahn als Fußballer: „Ich bin in der glücklichen Situation, zwei Orte zu haben, die ich meine Heimat nennen kann: Belo Horizonte in Brasilien und Dortmund. In Dortmund habe ich eine deutsche Frau, zwei Hunde und ein Haus, ich werde immer wieder hierhin zurückkehren. Diese Stadt und diesen Verein trage ich für immer in meinem Herzen. Wenn ich eines Tages sterbe, dann soll auf meinem Sarg eine Fahne von Borussia Dortmund liegen."

Bis heute ein Liebling der Fans: Leonardo Dede

2001 – der Rubel rollt

Rekordsumme für Amoroso

63

Als der belgische Nationalspieler Roger Van Gool 1976 für eine Million Mark vom FC Brügge nach Köln wechselte, wurde in Deutschland eine heftige Diskussion ausgelöst: Die Frage aller Fragen lautete: „Darf man so viel Geld für einen Spieler ausgeben?" 25 Jahre später konnte man über die damalige Aufregung nur noch müde lächeln. Im Sommer 2001 wurde der bis dato größte Deal der Bundesligageschichte eingetütet: Borussia Dortmund überwies 50 Millionen Mark an den AC Parma, um den brasilianischen Torjäger Marcio Amoroso von Italien ins Revier zu holen.

Erneut war der Aufschrei groß, die Hamburger „Morgenpost" titelte „Transfer-Wahnsinn". In Dortmund verstanden sie die Aufregung nicht, Präsident Gerd Niebaum und Manager Michael Meier dachten groß, da spielten ein paar Milliönchen mehr oder weniger keine Rolle. „Der Preis und die Chancen, die sich durch seine Verpflichtung eröffnen, stehen in einem gesunden Verhältnis", betonte der Jurist Niebaum. Trainer Matthias Sammer zeigte sich hochzufrieden mit dem Transfer, der die Liga in eine neue Dimension katapultierte: „Es ist gut, einen so überragenden Spieler zu haben. Er ist leichtfüßig, kopfballstark und flexibel. Das ist besonders wichtig."

Vom Jubel zum Ärger

Die kommende Saison gab Niebaum und Sammer zunächst recht: Der BVB startete auch deshalb durch, weil Amoroso für das viele Geld zuverlässig Tore lieferte. Auch dank des Brasilianers feierte die Borussia die Meisterschaft. Doch das war es auch schon mit der Herrlichkeit. Der Goalgetter erwies sich als echte Diva, der sich bei seiner Auswechslung gegen Cottbus weigerte, vom Platz zu gehen. Zudem verärgerte er seinen Arbeitgeber nachhaltig, weil er verletzt in Brasilien blieb, anstatt sich in Deutschland untersuchen und behandeln zu lassen.

Schließlich wurde der Vertrag vorzeitig aufgelöst, die vielen, schönen Millionen waren weg. Unter betriebswirtschaftlichen Gesichtspunkten ein schlimmes Verlustgeschäft, kurz darauf taumelte der BVB in eine existenzielle Finanzkrise. Dass der Westfale an sich nicht nachtragend ist, zeigt der Umstand, dass Marcio Amoroso heute im Alter von über 40 Jahren in der Dortmunder Legenden-Mannschaft mitspielen darf.

Goalgetter und Diva: Marcio Amoroso

Der vereinseigene Transferrekord blieb bis ins Jahr 2013 bestehen. Da blätterte der BVB für Henrich Mchitarjan 27,5 Millionen Euro (55 Millionen Mark) hin. Der Armenier sollte schon bald seinen Abgang zu Manchester United, ebenfalls unter unschönen Begleitumständen, inszenieren.

Immerhin durfte sich die Borussia dieses Mal mit 42 Millionen Euro – also umgerechnet 84 Millionen Mark – trösten. Aber das ist eine andere Geschichte.

2001 – Kleinlich gepfiffen?

Kartenflut beim Gipfeltreffen

64

Am Ende eines denkwürdigen Fußball-Abends verfärbte sich der Kopf von Uli Hoeneß vom üblichen Rot in ein solch gefährliches Blau-Rot, dass man sich um die Gesundheit des Bayern-Bosses ernsthaft Sorgen machen musste. Drei Platzverweise, zwölf Gelbe Karten und ein Spitzenspiel am Rande des Eklats waren selbst für den Münchner Manager zu viel. „Ich habe noch nie ein

Schön ist anders: Beim Gipfel gab es auf die Socken.

Spiel gesehen, in dem der Schiedsrichter zwischen der ersten und 95. Minute über 50 Fehler macht", schimpfte Hoeneß aus Verärgerung über die Leistung des Unparteiischen Hartmut Strampe aus Handorf, dessen Entscheidungen beim 1:1 im Prestigeduell gegen Borussia Dortmund im ausverkauften Westfalenstadion für mehr Diskussionsstoff sorgten als die dürftigen Darbietungen der Profis.

Das Gipfeltreffen, bei dem die Dortmunder mit einem Sieg die Tabellenführung übernehmen sowie die Vorentscheidung im Titelkampf der Saison 2000/2001 hätten herbeiführen können, endete auch deshalb unentschieden, weil viel zu wenig Fußball gespielt wurde. Es waren teilweise skurrile Jagdszenen, die im Revier zu bestaunen waren, vor allem die Gäste aus

Bayern übertrieben es mit ihrer rüden Gangart maßlos: Rot für Effenberg, Gelb-Rot für Lizarazu, dazu noch Gelb für Salihamidzic, Jeremies, Scholl, Elber, Linke, Kahn, Sagnol und Kuffour – es wäre wesentlich einfacher gewesen, die Bayern-Akteure aufzuzählen, die ohne Verwarnung davonkamen. Doch auch die Dortmunder gingen nicht ungeschoren aus dem Gladiatorenkampf hervor: Rot für Evanilson, Gelb für Oliseh und Addo. Es war eine beispiellose Kartenflut in einer Begegnung, die ob der Geschehnisse zwangsläufig eskalieren musste.

Am Ende hätten die Dortmunder das Spitzenspiel beinahe noch für sich entschieden: Tomáš Rosický zwirbelte einen Freistoß unnachahmlich an den Innenpfosten, von wo er parallel zur Linie in die Arme des regungslos verharrenden Bayern-Keepers Oliver Kahn trudelte. Das archaische Bild, wie der Torhüter das Spielgerät triumphierend in den nächtlichen Himmel über Dortmund reckt, überdauerte diesen spektakulären Abend. So viel Dusel, das musste einfach ein Zeichen sein: Die Bayern wurden mal wieder Meister, vor Schalke und dem BVB. Übrigens mochte sich Schiedsrichter Strampe mit der Generalkritik der Bayern, er habe schwach und kleinlich gepfiffen, ganz und gar nicht anfreunden: „Die Vielzahl der gelben Karten entspricht der ganzen Palette der Unsportlichkeiten", betonte der 45-Jährige: „Da sollte man sich mal Gedanken über die Einstellung der Spieler machen."

2001 – ein harter Weg

Heiko Herrlich besiegt den Krebs

65

Der 15. September 2001 ist nicht nur ein ganz besonderes Datum im Leben von Heiko Herrlich, sondern auch in der Geschichte von Borussia Dortmund. Es war am siebten Spieltag, als der Stürmer im Revierderby gegen den FC Schalke 04 in der Schlussphase eingewechselt wurde. Als Herrlich in der 77. Minute auf den Rasen lief, erhoben sich alle Zuschauer und applaudierten. Wie besonders dieser Moment war, wird dadurch deutlich, dass auch die Schalker Fans dem Rückkehrer warmen Beifall spendeten. Bei jedem, der im Stadion war, verursacht diese Szene noch heute Gänsehaut.

Normalerweise werden die Spieler des so innig verachteten Rivalen mit gellenden Pfiffen empfangen, doch hier lagen die Dinge anders: Ein Jahr zuvor hatte Herrlich eine niederschmetternde Diagnose erhalten: Hirntumor. Fußball, die Befindlichkeiten von Fans und Vereinen – das alles spielte plötzlich keine Rolle mehr. Beim Champions-League-Sieger von 1997 ging es nur noch um das nackte Überleben.

Vier Monate später zeigte sich Herrlich erstmalig wieder in der Öffentlichkeit. Mit kahlem Kopf und hagerem Gesicht betrat er das Podium im Pressesaal des Westfalenstadions. Die Chemotherapie hatte Spuren hinterlassen. Der Profi gab Einblick in sein Seelenleben: „Für mich war es nach der erschreckenden Nachricht nicht wichtig, wieder Fußball zu spielen. Ich wollte die Sache nur überleben", sagte der 29-Jährige, der in den Tagen der tiefen Krise großen Halt in seinem christlichen Glauben und durch den enormen Zuspruch der BVB-Fans fand: Über 2.000 Zuschriften per Brief, Fax oder E-Mail erreichten Herrlich, der wieder aufstand.

Viel Energie nötig

Doch es war ein harter Weg: Während eines sechswöchigen Aufenthalts in Heidelberg absolvierte Herrlich eine extrem anstrengende Strahlentherapie. „So schwer hatte ich es mir vorher nicht vorgestellt. Ich musste mich häufig übergeben, hatte keinen Appetit mehr und war auch sonst zu nichts mehr zu gebrauchen", berichtete der Torjäger, der auch erzählte, wie er von ambitionierten Senioren überholt wurde, als er wieder mit dem Lauftraining begann. Umso höher ist es zu bewerten, dass sich Herrlich zurückkämpfte. Allerdings fand er nie wieder zu der Form zurück, die ihn zum Nationalspieler gemacht hatte. Sein Treffer gegen die Bayern im letzten Spiel vor seiner Krebserkrankung war gleichzeitig der letzte in seiner gesamten Bundesliga-Karriere.

Geschichte mit „Happy End": Heiko Herrlich besiegt den Krebs.

2002: Matthias Sammer

Der jüngste Meistertrainer

66

4. Mai 2002, im Dortmunder Stadion brodelt es noch mehr als bei Heimspielen ohnehin schon. Der BVB benötigt am letzten Spieltag der Saison unbedingt einen Sieg, um die Meisterschaft zu holen, doch das Tor will einfach nicht fallen. Gegner Werder Bremen wehrt sich mit allen Mitteln, es steht 1:1, als Matthias Sammer in der 73. Minute reagiert: Er nimmt den Defensivmann Jörg Heinrich vom Feld und bringt mit Ewerthon einen weiteren Stürmer. Der Trainer beweist ein goldenes Händchen: Kaum auf dem Rasen, schlägt der Brasilianer zu und entscheidet das Spiel.

Nach einer artistischen Flanke von Dede drückt sein Landsmann den Ball aus spitzem Winkel an den Pfosten, von wo er über die Torlinie trudelt: „Also Freunde, das müsst Ihr selber nachschlagen, wie viel Sekunden das jetzt waren", brüllt Reporter Marcel Reif ins Mikrofon. Gesagt getan: Ewerthon war handgestoppte 35 Sekunden auf dem Rasen, als er die Stadt Dortmund in einen kollektiven Freudentaumel versetzte.

Verdient Meister

Es sind solche verrückten Geschichten, die den Fußball so unerklärlich machen. Ewerthon rastete aus, riss sich sein gelbes Trikot vom Leib, während sein Trainer nur den Kopf schütteln konnte. „Ich war komischerweise das komplette Spiel über sehr ruhig", berichtete der sonst so impulsive Sammer nach dem Abpfiff: „Das lag wahrscheinlich daran, dass ich vorher schon alle Eventualitäten durchgespielt hatte." Und weiter: „Die Mannschaft hat in dieser Saison eine Moral und Entwicklung gezeigt, so dass wir in meinen Augen verdient Deutscher Meister geworden sind." Das sah auch Rudi Völler so, Sportdirektor beim Klub aus Leverkusen, der seinen Ruf als „Vizekusen" mal wieder zementiert hatte: „Wer am Ende oben steht, hat es – auch wenn es abgedroschen klingt – verdient, Meister zu sein."

Tatsächlich hatte der BVB keine überragende Runde gespielt und eine gehörige Portion Glück benötigt, doch das interessierte im Revier niemanden. Und ganz nebenbei hatte sich Sammer mit 36 Jahren zum jüngsten Meistertrainer der Bundesliga-Geschichte gekrönt – eine Karriere wider Willen: Der begnadete Fußballer aus Sachsen hatte seine aktive Laufbahn vorzeitig beenden müssen, weil ihn ein irreparabler Knieschaden dazu zwang.

Als seine Spieler die Meisterschaft feierten und wie wild über den Rasen des Westfalenstadions tobten, hielt sich der Triumphator vornehm zurück. Der Ex-Profi verkrümelte sich in den Kabineneingang. „Bei so vielen Menschen werde ich ängstlich und verdrücke mich gern", sagte Sammer: „Ich freue mich innerlich. Es ist nicht mein Ding, wie ein Hampelmann herumzuspringen."

Arm in Arm: Matthias Sammer (links) und Keeper Jens Lehmann

2002 – Jürgen Kohler

Der Fußballgott sieht in seinem letzten Spiel Rot

67

Jürgen Kohler hat so ziemlich alles erlebt in einer Karriere, die so schillernd und erfolgreich verlief, wie es nur den wenigsten Fußballern vergönnt ist: Weltmeister 1990, Europameister 1996, Champions-League-Sieger 1997. Dazu der legendäre Auftritt in Manchester, der ihm den Ehrennamen „Fußballgott" einbrachte, und der tränenreiche Abschied von den Fans nach dem Gewinn der Meisterschaft 2002.

Die letzte Grätsche ging daneben.

Die Doppelbestrafung

Kohler hatte als ebenso fairer wie eisenharter Manndecker einen untadeligen Ruf und zudem eine weiße Weste. Kaum zu glauben aber wahr: Bis zu seinem letzten Auftritt als Profi hatte der Mann aus Lambsheim in der Pfalz nicht eine rote Karte gesehen. Und dann das: Am 8. Mai 2002, als beim UEFA-Pokal-Endspiel in Rotterdam der letzte Vorhang fiel, erwischte es den Vorstopper der Nation. Was war passiert? Das Finale gegen Feyenoord lief eine gute halbe Stunde, da war für den 36 Jahre alten Routinier bereits Schluss: „Rot", weil er seinen Gegenspieler Jon Dahl Tomasson im Strafraum per Notbremse von den Beinen holte. Zu allem Überfluss hatte sich Kohler mit einem Ballverlust auch noch selbst in die ausweglose Situation manövriert. „Ich erwische ihn an der Wade, der Elfmeter war schon berechtigt", sagte der 105-malige Nationalspieler später.

Schiedsrichter Vitor Manuel Melo Pereira entschied auf Elfmeter und schickte Kohler vom Platz. Eine „überharte Doppelbestrafung", so die Einschätzung seines Trainers Matthias Sammer: „Das tut mir persönlich sehr leid für Jürgen." Hätte Kohler weiterspielen dürfen – so Sammers Überzeugung – wäre der BVB nicht als Verlierer vom Platz gegangen. „Das Schicksal und der Schiedsrichter wollten nicht, dass die Karriere von Jürgen Kohler mit einem Titel endet", ergänzte der Dortmunder Präsident Gerd Niebaum.

Ein gutes Stück Legendenbildung war schon im Spiel, denn sowohl der Strafstoß als auch der Platzverweis waren berechtigt. Kohler verschwand, von den mitgereisten Fans mit Sprechchören gefeiert, im Kabinentunnel und ließ sich bei der Siegerehrung nach dem Abpfiff nicht blicken. Er habe sich in der Kabine mit bewegenden Worten von der Mannschaft und jedem einzelnen Spieler verabschiedet, berichtete Kohlers Nachfolger Christoph Metzelder, der das Finale wegen einer Gelb-Sperre von der Tribüne aus verfolgen musste und von dort Zeuge wurde, wie die letzte Grätsche eines großen Verteidigers ihr Ziel verfehlte.

2002 – Jan Koller

Der Mittelstürmer stellt sich ins Tor

68

In der langen und bewegten Geschichte der Bundesliga ist es bereits mehrfach vorgekommen, dass ein Feldspieler zwischen den Pfosten aushelfen musste. In den ersten Jahren lag das vor allem daran, dass es noch keine Möglichkeit gab, Spieler einzuwechseln: Die elf Spieler, die beim Anpfiff auf dem Rasen standen, mussten 90 Minuten durchhalten.

Aber auch, als die Ersatzbank gefüllt war, wurde immer mal wieder ein ungelernter Aushilfs-Torwart benötigt, weil sich Stamm- und Ersatzkeeper verletzt hatten oder weil der Schlussmann vom Platz geflogen und das Wechselkontingent erschöpft war. Unverges-

sen ist der Auftritt von Bayern Münchens Michael Tarnat, der beim Spiel in Frankfurt für Oliver Kahn zwischen die Pfosten rückte und mit tollen Reflexen brillierte. Oder der von Kaiserslauterns Michael Schjønberg, der beim Gastspiel in Freiburg als Keeper aushalf und sogar einen Elfmeter hielt.

Besonders spektakulär und erinnerungswürdig ist allerdings die Torwart-Leistung von Jan Koller in München: Am zwölften Spieltag der Saison 2002/2003 trat der tschechische Mittelstürmer mit Titelverteidiger Borussia Dortmund beim Rekordmeister an. Es war das Gipfeltreffen Tabellenzweiter gegen den Spitzenreiter. Koller brachte den BVB bereits nach sieben Minuten in Führung, doch seinen Teamkollegen mangelte es an der nötigen Disziplin. Zunächst sah Torsten Frings nach zwei heftigen Fouls noch vor der Pause die gelb-rote Karte. In Überzahl drehten die Münchner die Partie, beim zweiten Treffer reklamierte BVB-Torwart Jens Lehmann so vehement auf Abseits, dass er ebenfalls vom Platz flog.

Da die Borussia schon drei Mal gewechselt hatte, musste ein Feldspieler ins Tor. Die Wahl fiel auf den 2,02-Meter-Hünen Koller. Nicht nur wegen seiner Größe zeigte Koller eine starke Strafraumbeherrschung, parierte einen Schuss von Michael Ballack glänzend, hatte bei einem Lattentreffer Glück und ging in der Schlussphase bei Standardsituationen sogar noch mit nach vorn, um seine Kopfballstärke einzubringen. In der Bundesliga-Geschichte war das die wohl beste Leistung eines Feldspielers im Tor. Der „Kicker" verewigte Koller sogar in die Elf des Spieltages. Wohlgemerkt: Als Torwart.

Das Kulttrikot

Der BVB verlor zwar das Gipfeltreffen und am Ende auch die Meisterschaft, doch Koller hatte sich endgültig in die Herzen der Fans gespielt. Der Verein brachte eigens ein Torwart-Leibchen mit dem Namen „Koller" auf den Markt, das ein echter Verkaufsschlager wurde. Noch heute sieht man gelegentlich Fans mit dem Kulttrikot.

Unvergesslich: Jan Koller als Torhüter

Otto Addo

Tor mit Kreuzbandriss

69

Wie man sich in die Unsterblichkeit spielt, das zeigte Otto Addo im September 2003 beim 2:1-Sieg des BVB im UEFA-Pokal bei Austria Wien: Bei einem Dortmunder Angriff spürte der in Hamburg geborene Ghanaer bereits, dass in seinem rechten Knie etwas kaputt gegangen sein musste, ignorierte jedoch den Schmerz und schloss einen schwarz-gelben Angriff mit dem Führungstreffer ab. Addo nahm den Ball auf, zog mit einer Körpertäuschung nach innen und

Der Stoff aus dem Legenden sind: Otto Addo

finalisierte die sehenswerte Aktion mit einem unhaltbaren Linksschuss. Danach drehte er jubelnd ab, humpelte zur Seitenlinie und ließ sich auswechseln.

Ein Kindheitstraum wird wahr

Er wird da bereits gewusst haben, dass es sich nicht um eine harmlose Blessur handelt, doch der mit Adrenalin gesättigte Körper ließ den Stürmer keine Schmerzen spüren. Es war seine letzte Aktion für lange Zeit, die Ärzte diagnostizierten hernach eine der schlimmsten Verletzungen, die einen Fußballer ereilen kann. Otto Addo dürfte in der Geschichte des europäischen Fußballs der Einzige sein, der mit einem Kreuzbandriss ein Tor erzielte. Und weil das so ist, verehren ihn die Dortmunder Fans bis heute.

Schon vor dieser Heldentat war der lange, schlaksige Spieler im schwarz-gelben Lager äußerst beliebt. Als Addo vom Zweitligisten Hannover 96 ins Revier kam, ahnte er „da kommst du ja doch nicht zum Einsatz" und erklärte seine erste Saison zum „Ausbildungsjahr". Es kam anders: Addo stieg mit nimmermüdem Einsatz und eleganten Dribblings zum Liebling der Fans auf. Und seit jener UEFA-Cup-Nacht in Wien besitzt er Heldenstatus. Addo selbst sagt dazu: „Der Fakt, dass ich mir damals das Kreuzband gerissen habe, ist natürlich traurig, aber dennoch ist es eine Ehre für mich, dass die Fans mich dafür immer noch feiern."

Der Treffer von Wien war übrigens der letzte, den Otto Addo im Trikot von Borussia Dortmund schoss, für ihn ging es anschließend weiter zu Mainz 05. Mit dem BVB feierte er 2002 den Gewinn der Deutschen Meisterschaft („ein Kindheitstraum"), seine Gesamtstatistik verzeichnet 16 Tore und 15 Torvorlagen – sicher keine traumhaften Werte. Doch in Erinnerung bleibt eben jenes eine Tor in der Hauptstadt Österreichs, das Otto Addo zur Dortmunder Kultfigur machte.

Abi 04 geht gar nicht

Für einen Dortmunder Jung´ ein „No go"!

Jan-Henrik Gruszecki kommt zwar aus Enger, einem kleinen Ort in Ostwestfalen, doch sein Herz, seine Seele und seine Liebe gehören der Stadt Dortmund und seinem Fußballverein. Seit frühester Jugend fuhr der Fußballfan und Filmemacher nach Dortmund, um seinen BVB spielen zu sehen. Später wurde er Gründungsmitglied der Ultrabewegung „The Unity", die sich auf die Fahnen schrieb, die Stimmung im Westfalenstadion und vor allem natürlich auf der, „Gelbe Wand" genannten, Südtribüne zu verbessern.

Im Buch „Dortmunder Jungs" beschreibt Guszecki, der längst in Dortmund lebt und dort eine eigene Familie gegründet hat, wie er seine Eltern zur Verzweiflung trieb: „Ich glaube, 2004 habe ich 120 Spiele der Borussia gesehen, an einem Tag sogar mal fünf. Morgens ging es los: A- und B-Jugend am Mendel-Sportplatz. Da sind zwei Plätze nebeneinander, ich stand auf einem Hügel dazwischen und habe beide Spiele zeitgleich verfolgt. Um 14.30 Uhr die Amateure in Bochum, danach das Sonntagsspiel gegen Freiburg im Westfalenstadion und abends um 20 Uhr die Handball-Damen. Die meisten würden so ein Programm als Reizüberflutung bezeichnen, für mich war das ein perfekter Tag. Meine Eltern konnten mich da nie einfangen, dafür war ich einfach zu rebellisch.

Leere Blätter abgeben

Aber eine Sache, die hat meine Eltern dann allerdings doch umgehauen und sie an meiner Zurechnungsfähigkeit zweifeln lassen. Aber das ging nicht nur ihnen so: Irgendwann, als es auf mein Abitur zuging, ist mir aufgefallen, dass wir das Jahr 2004 hatten, und das fand ich gar nicht schön. Ich war ziemlich gut dabei, habe viele Einsen und Zweien abgeliefert. Ich hätte also ein wirklich vernünftiges Abi hinkriegen können, habe mir aber schon frühzeitig überlegt: ‚Eigentlich kannst du das nicht machen.' Ich war damals wirklich fanatisch, das kann man nicht anders bezeichnen. Als ich dann das T-Shirt gesehen habe, fiel endgültig der Hammer. Da stand ‚Abi 04' drauf, es sah aus wie ein Fußballtrikot. Meine damalige Freundin hatte es gestaltet und dabei die Gelegenheit genutzt, mich ein bisschen zu ärgern.

Ich hab das Schuljahr ganz normal zu Ende gemacht und dann bei den schriftlichen Abi-Klausuren in BWL, Mathe und Deutsch leere Blätter abgegeben. Bis auf BWL, da habe ich ‚Keine Buchung ohne Beleg' auf das

Absichtlich später Abi: Jan-Hendrik Gruszecki

Manuskript geschrieben. Ich nahm also in Kauf, durchzufallen, und das nur aus einem einzigen Grund: Abi 04 geht gar nicht!

Meine Eltern hatte ich in diese Wahnsinnsaktion natürlich nicht eingeweiht, die wären Amok gelaufen. Enterbt haben sie mich nicht, aber mit absolutem Kopfschütteln reagiert. Meine Mutter hat das übrigens nach der ersten Schockstarre ziemlich cool eingeordnet, indem sie sagte: ‚Wer so etwas macht, ist wirklich noch nicht reif für die Uni.‘

Ich hab’ dann ein Jahr später die Schule zu Ende gemacht, und zwar mit einem Schnitt von 1,2. Und das, obwohl ich 2005 unheimlich viele Fehlstunden hatte. Der BVB stand ja am Abgrund, und ich war fast nur noch in Dortmund – unter anderem, um eine Demo gegen Niebaum und Meier zu organisieren. Auf mein Abi konnte ich mich kaum vorbereiten, und da kam es mir wiederum zugute, dass ich das meiste schon aus dem Jahr zuvor kannte. Abi 04 – Sie wissen schon.“

Nuri Sahin

Jüngster Torschütze, bis Moukoko kam

71

Nuri Sahin hat eine ebenso erfolgreiche wie bewegte Profikarriere erlebt: Der in Meinerzhagen im Sauerland geborene Deutsch-Türke war bei Borussia Dortmund unter Vertrag, aber auch bei Feyenoord Rotterdam, Real Madrid, dem FC Liverpool und aktuell bei Werder Bremen. Alles erfolgreiche Klubs mit ruhmreicher Vergangenheit, keine Frage. Aber wenn man Sahin fragt, welcher Verein ihm wirklich am Herzen liegt, zögert er bei der Antwort keine Sekunde: „Borussia Dortmund."

Als Sahin im Sommer 2018 in Bremen anheuerte, weil er beim BVB keine Aussicht mehr auf einen Stammplatz hatte, verabschiedete er sich per Twitter von seinen Fans. Dabei fand er Worte, die zu Herzen gingen: „Bis zu meinem letzten Atemzug, wenn ich meine Augen schließe, werde ich Dich, die Gelbe Wand, meinen Namen singen hören." Und weiter: „Dies ist ein weicher Abschied von unserer starken Liebe, und ich habe das Gefühl, dass wir einen Weg finden werden, wieder zusammen zu sein."

Das Gänsehaut-Gefühl

Wer diese Liebeserklärung verstehen will, muss sich näher mit Sahins Biografie befassen. Der hochtalentierte Junge kam zum BVB, als er zwölf Jahre alt war und wurde zu einem Teenager, der alle Rekorde brach: Mit 16 Jahren und 335 Tagen wurde er zum jüngsten Spieler der Bundesliga-Geschichte. Mit 17 Jahren und 82 Tagen traf Sahin beim Spiel in Nürnberg und wurde damit zum jüngsten Bundesliga-Torschützen. Er löste die beiden Borussen Lars Ricken und Ibrahim Tanko ab und behielt seinen Rekord, bis am 18. Juni 2020 Youssoufa Moukoko gegen Union Berlin traf. Der Stürmer war zu diesem Zeitpunkt 16 Jahre und 28 Tage alt und löste Sahin ab, der dem Nachfolger von Herzen gratulierte: „Ich freue mich, dass es einer von uns ist, einer von Borussia, der diesen Rekord bricht."

Das Wunderkind Sahin wurde zum jüngsten Europacup-Spieler des BVB, zum jüngsten türkischen Nationalspieler und zum jüngsten Torschützen der Auswahl seines Landes. Wie sehr sich Nuri Sahin mit seinem Verein identifiziert, zeigt eine Anekdote aus seiner Kindheit: Der Teenager war nicht nur Leistungsträger diverser Jugendmannschaften des BVB, sondern auch mit Leidenschaft Balljunge. „Champions League, diese Nächte waren magisch – nicht nur für die Profis, sondern auch für mich", sagt Sahin, der sich mit Wonne an die Zeiten erinnert, als er mit 13 und 14 hinter der Bande stand und mitfieberte: „Es waren tolle Erlebnisse, wenn das Flutlicht anging und die Hymne erklang. Gänsehaut." Einmal, so berichtet Sahin, habe er nach dem Abpfiff des Heimspiels gegen den AC Mailand die Handschuhe von Weltstar Andrea Pirlo als Souvenir ergattert.

Solche Abenteuer prägen einen Menschen. Über Borussia Dortmund sagt Nuri Sahin: „Das ist für mich kein normaler Verein. Ich bin hier groß geworden, das vergisst man nicht. Egal, was auch immer noch kommen mag."

Blutjung und voller Tatendrang: Nuri Sahin

2005 – am seidenen Faden

Showdown am Flughafen

72

Der 14. März 2005 ist als Schicksalstag in die Geschichte von Borussia Dortmund eingegangen: Das Überleben des BVB hängt am seidenen Faden, als die Anteilseigner des Stadionfonds Molsiris am Düsseldorfer Flughafen über das Sanierungskonzept abstimmen. Das ist nötig, nachdem die alte Führung den Traditionsklub an den Rand des Ruins gewirtschaftet hat. Es gibt an diesem Tag nur zwei Optionen: Entweder die Investoren stimmen dem Plan zu oder es kommt zur sofortigen Insolvenz. Frank und Sascha Fligge beschreiben die Geschehnisse in ihrem Buch „Die Akte Schwarzgelb" wie folgt:

„444 der insgesamt 5.780 Gesellschafter des Stadionfonds Molsiris entscheiden über den Fortbestand des Ballspielvereins Borussia 09 Dortmund. Kühl kalkulierende Kapitalanleger, die mindestens 5.000, manche 100.000 Euro in dem Fonds platziert haben, weil er fette Rendite versprach. Sie spielen Schicksal für den BVB. Für hunderttausende Fans. Für eine Stadt und eine ganze Region. „Entscheidend", hat Adi Preißler, verstorbenes BVB-Idol der 1950er-Jahre, einmal gesagt, „entscheidend is auffem Platz." Man füge vier Buchstaben hinzu – und die Erkenntnis ist aktueller denn je. Entscheidend is auffem FLUGplatz.

Schwierige Mission: Watzke (links), Rauball (Mitte) und Rölfs

Es ist eine Wanderung auf ganz schmalem Grat, die Rauball, Watzke und Rölfs in den Tagen vor dem 14. März bewältigen müssen. Denn zu viele Emotionen wollen sie auch vermeiden. So bitten sie die Fans, von Solidaritätsbekundungen am Flughafen Abstand zu nehmen. „Wir wollten nicht, dass sich die Versammlung durch eine inszenierte Kundgebung beeinflusst oder gar bevormundet fühlt. Das ist nicht unser Stil. Die Leute sollten völlig frei entscheiden können", sagt Hans-Joachim Watzke – der um 8.58 Uhr gemeinsam mit Rauball im schwarzen Mercedes vorfährt. Ohne Michael Meier.

Der Sanierer

Der komme nicht, weil er die Lizenzierungsunterlagen für die Abgabe bei der DFL am Tag darauf komplettieren müsse. So die offizielle Sprachregelung. Tatsächlich war Meier wild entschlossen gewesen, in Düsseldorf persönlich vor die Molsiris-Anleger zu treten, und es hatte Watzke und Rauball alle Überredungskunst gekostet, ihn davon abzubringen. Es war eine Demontage in Abwesenheit, aber die aggressive Anti-Meier-Stimmung unter den Fonds-Zeichnern macht schnell deutlich, wie richtig und wichtig Meiers Fernbleiben im Sinne einer sachlichen Aussprache war. Um 9.13 Uhr betritt Jochen Rölfs den Saal, um das Sanierungskonzept zu erläutern. Selbstbewusst – und doch unsicher. „Ich bin kein Prophet. Vor der Gläubiger-Versammlung konnte ich alle Gläubiger mal besuchen. Bei Molsiris konnte ich keinen einzigen besuchen. Ich weiß ja nicht einmal, wer mir dort gegenübersitzt", sagt er. Er sagt aber auch: „Seien sie unbesorgt, ich kann auch Emotionen rüberbringen. Ich muss Vertrauen schaffen. Nur über Sachinformation können Sie nicht hunderte von Leuten einfangen. Ich werde den Fondszeichnern zeigen, dass sich das Vertrauen lohnt. Denn wenn das Projekt scheitert, dann habe ich auch ein Problem."

Es scheitert nicht. Um 15.29 Uhr leuchtet das Ergebnis auf. 94,4 Prozent Zustimmung. „Das war mit das Schwerste, was ich überhaupt je mitgemacht habe, weil wir total abhängig waren von der Zustimmung anderer", sagt Präsident Rauball. Watzke spricht von „unglaublicher Erleichterung" und einem „irren Glücksgefühl". Rölfs ist „froh und ein wenig stolz, dass wir diesen Beitrag leisten konnten, dem BVB eine Perspektive zu eröffnen". 780.000 Euro Honorar haben er und seine Mitarbeiter kassiert. „Und natürlich habe ich Vorkasse verlangt", sagt er selbstbewusst: „Schließlich bin ich Sanierer."

Die Zukunft des BVB ist gesichert, nach und nach wirft der börsennotierte Verein seine Verbindlichkeiten ab und startet in eine tolle Ära. Das Sanierungskonzept von Rölfs ist jeden Cent wert. Hans Tilkowski, schwarzgelbes Idol, formuliert die Bedeutung des 14. März 2005 so: „Das war wichtiger als der Triumph im Weltpokal."

Jürgen Klopp

Er verspricht Vollgas-Veranstaltungen

73

Der 24. Mai 2008 ist ein besonderer Tag in der Geschichte von Borussia Dortmund: Um 11:11 Uhr betritt der neue Trainer den Presseraum des Stadions. Sein Name: Jürgen Klopp. Seine Mission: Einem Verein, der von all den Turbulenzen rund um die überstandene Fast-Insolvenz gezeichnet ist, eine neue Identität zu geben. Klopp kommt aus Mainz, wo er sich mit mutigem Offensivfußball und seiner erfrischenden Art, Fußball zu verkaufen, jede Menge Respekt erworben hat. Nun führt er Borussia Dortmund in die mitreißendste Ära der Vereinsgeschichte.

„Es ist für mich eine große Ehre, mindestens zwei Jahre Trainer des BVB zu sein. Ich will dem Verein helfen, in die Spur zu kommen." Mit diesen Worten stellte sich der 40-Jährige bei seinem neuen Arbeitgeber vor. Und dann sagt er einen Satz, der in den Folgejahren noch unzählige Male zitiert werden soll: „Ich habe Riesenlust, hier zu arbeiten. Wir werden einige Vollgas-Veranstaltungen ablaufen lassen. Rasenschach wird es bei mir nie geben. Wenn Spiele langweilig sind, verlieren sie ihre Berechtigung."

„Vollgas-Veranstaltung" – dieser Terminus wird von nun an in die DNA der Mannschaft und des ganzen Vereins aufgenommen. Klopp hält Wort: In den folgenden sieben Jahren spielt die blutjunge Truppe begeisternden Fußball, zelebriert unvergessliche Fußballfeste und ist ungemein erfolgreich: Deutscher Meister 2011, Double-Gewinner 2012, Champions-League-Finalist 2013. „Kloppo" ist der Protagonist dieser Epoche, er wird in Dortmund zum Helden: Volkstribun, Messias, Zampano – Jürgen Klopp ist mitreißend. Langweilig wird es mit diesem Trainer nie. Vollgas eben.

Noch ein Spruch? Immer gern!

74

März 2016:
You'll never walk alone

Ein einzigartiger Moment

Die Südtribüne im Dortmunder Stadion ist wahrscheinlich die größte Attraktion der ganzen Stadt. Die Stimmung auf der größten Stehplatz-tribüne der Welt ist legendär, Fußball-Anhänger aus der ganzen Welt kommen extra ins Ruhrgebiet, um diese einzigartige Atmosphäre selbst einmal hautnah erleben zu können.

Im März 2016 kam es jedoch zu einem tragischen Gänsehautmoment: Während der Bundesliga-Begegnung zwischen dem BVB und Mainz 05 erlitt ein 80-jähriger Mann im Stadion einen Herzinfarkt, alle sofort eingeleiteten Reanimationsversuche sollten erfolglos bleiben. Über Mund-zu-Mund-Propaganda sprach sich der Tod des Mannes in Windeseile in den Stadion-Blöcken herum – selbst bei den Gäste-Fans. Während auf dem Rasen beide Profi-Teams um Meisterschaftspunkte kämpften, wurde es auf den Rängen immer leiser, bis eine komplette Stille eintrat.

Mehr noch: Bald darauf folgte eine Version der Stadionhymne „You'll never walk alone", die in die Geschichtsbücher eingegangen ist. Für diesen einen Augenblick vergaßen Dortmunder und Mainzer Anhänger sämtliche Rivalitäten untereinander und stimmten gemeinsam den legendären Fan-Gesang an. Jeder, der dabei war, wird diesen Moment niemals vergessen.

Gänsehaut pur

Die „Times" muss es wissen

Das schönste Stadion der Welt

75

Im August 2009 kürte die angesehene britische Tageszeitung „Times" das Stadion von Borussia Dortmund zum schönsten der Welt. In der Rangliste folgten das Giuseppe-Meazza-Stadion (San Siro) in Mailand noch vor Liverpools Kultstätte an der Anfield Road. In der Begründung hieß es: „Borussia Dortmunds Stadion ist der Klassiker. Gewaltige Ränge, die die Geräusche mit einer ohrenbetäubenden Intensität auf den Rasen zurückwerfen. Dieser Platz wurde für den Fußball und für die Fans erbaut. Jedes Endspiel im Europacup sollte in Dortmund veranstaltet werden. Die beste Atmosphäre auf dem Kontinent."

Jeder Dortmunder würde dieses Urteil sofort unterschreiben. Die Menschen der Stadt lieben ihr Stadion. Wie intensiv die Gefühle sind, wurde in einem Video deutlich, das der BVB anlässlich des 40-jährigen Jubiläums seiner Spielstätte produzierte, und in dem Fans und Protagonisten zu Wort kommen. Präsident Reinhard Rauball bezeichnet das Stadion als „emotionales Wahrzeichen von Dortmund", Sportdirektor Michael Zorc empfindet es „fast wie ein Denkmal für unsere Stadt".

Geschäftsführer Hans-Joachim Watzke gibt Einblicke in sein Seelenleben: „Wenn ich mal Frust habe oder sauer bin, gehe ich einfach rein ins Stadion. Ganz alleine." Dann spüre er die immense Kraft dieses Bauwerks: „Ich möchte immer ein Stadion haben, das Beton atmet. Nicht eine dieser neuen Multi-Funktions-Arenen."

Die Gelbe Wand macht den Unterschied

„Das Stadion mit seinen Fans hat uns mit Sicherheit ganz viele Punkte gewonnen", sagt Lars Ricken: „Du siehst das, wenn der Gegner ins Stadion kommt und da die Gelbe Wand ist. Da siehst du den ein oder anderen schon schlucken." Zorc spricht über die Glücksgefühle in einer Atmosphäre, die es im Fußball in dieser Intensität kaum zu erleben gibt: „Wenn du Richtung Südtribüne spielst, ein Tor schießt und merkst, was geht jetzt hier ab – das sind Momente, die nimmst du mit ins Grab."

Erfolgstrainer Jürgen Klopp zu Plänen, den Spielertunnel zu vergrößern und heller zu machen. Er habe „all meine Kraft investiert, damit das nicht passiert". Und zwar, um diesen besonderen Moment, auf das Spielfeld zu gelangen, nicht zu verlieren: „So stelle ich mir eine Geburt vor: Der Kanal, durch den wir alle müssen, ist nun mal eng. Und hinten dran warten die Glückseligkeit und das pralle Leben."

Gigantischer Anblick: die Dortmunder Arena bei Flutlicht

Kevin Großkreutz

Der Junge von der Süd

76

Kevin Großkreutz lebte für einige Jahre diesen romantischen, ja beinahe kitschigen Traum, den tausende Jungen träumen, die ihr Herz an Borussia Dortmund verloren haben: Er stieg hinab von der Südtribüne auf den Rasen und erlebte den brodelnden Fußball-Erlebnispark fortan aus einer anderen Perspektive. Er gehörte nun nicht mehr zu denen, die den Helden in Schwarz-Gelb zu-

Wir sind alle Dortmunder Jungs.

jubeln, sondern zu denen, die von der größten Stehplatztribüne der Welt gefeiert werden.

Aber lassen wir Großkreutz doch selbst berichten: „Das erste Mal im Stadion war ich, als ich vier Jahre alt war. Mein Vater hat mich mitgenommen, wir sind auf die Süd gegangen. Also dahin, wo ich später zu Hause sein sollte. Da gab es ganz außen spezielle Plätze für Kinder, wo wir am Geländer stehen und vernünftig sehen konnten."

Sitzplatz? Nie im Leben

„Das war faszinierend auf der Stehplatztribüne mit den ganzen Menschen, den Farben und den Gesängen – da wollte ich unbedingt wieder hin. Seitdem war ich regelmäßig dabei, mit sieben hatte ich meine erste Dauerkarte. Für einen Fan gibt es nichts Größeres, als auf der Süd zu stehen. Mehr geht im Fußball nicht. In keinem Stadion der Welt."

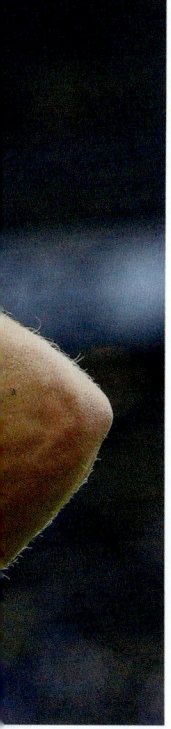

Später, als Großkreutz seine Lehrjahre als Profi in Ahlen absolvierte, stahl er sich davon, um bei den Heimspielen des BVB dabei zu sein und riskierte damit Ärger: „Unser Trainer Sebastian Wück hat das überhaupt nicht gern gesehen, weil er Angst hatte, dass ich vom Stehen schwere Beine bekomme. Als ich dann mal sonntags ein schlechtes Spiel gemacht habe, bekam ich die klare Ansage, dass ich nicht mehr zur Borussia gehen soll. Und wenn, dann doch bitteschön auf einem Sitzplatz. Sitzplatz? Ich? Nie im Leben! Das kam für mich natürlich nicht infrage. Ich bin weiterhin zur Borussia gefahren und habe mich auf die Süd gestellt. Heimlich."

Es ist immer wieder eine herzerwärmende Geschichte, die der Junge aus dem Stadtteil Eving im Dortmunder Norden zu erzählen hat. Großkreutz, der mit dem BVB zwei Mal Deutscher Meister und ein Mal Pokalsieger wurde, der 2014 mit der deutschen Nationalmannschaft den Weltpokal holte, hat in seiner Laufbahn so manchen Fehler gemacht. Diese Karriere verlief nicht immer geradeaus: Stuttgart, Darmstadt und schließlich Uerdingen in Liga drei, wo es im DFB-Pokal ein emotionales Wiedersehen gab. Wenn die Gelbe Wand „Dortmunder Jungs, Dortmunder Jungs, wir sind alle Dortmunder Jungs" singt, dann ist immer auch ein kleines bisschen Kevin Großkreutz gemeint.

Klopps beste Sprüche

Eine kleine Auswahl

77

Sieben Jahre Jürgen Klopp in Dortmund, das waren unvergessliche Siege, zwei Meisterschaften inklusive Double und jede Menge Spaß, die der geborene Entertainer bei den Pressekonferenzen verbreitete. Oft mit seinem kongenialen Partner, Pressesprecher Josef Schneck. Eine kleine Auswahl:

Zum Pressesprecher, der auf sich warten lässt: „Herr Schneck bitte an Kasse sechs."

Wenn „Kloppo" loslegt, staunt selbst der „Kaiser".

Zu Bayern-Trainer Pep Guardiola vor dem Pokalfinale 2014: „Ganz ehrlich, Deutscher Meister zu werden reicht. Lass Dir nichts erzählen von den anderen."

Nach dem Spiel zum Fragesteller, der wissen wollte, ob der Ball von Hummels hinter der Linie war: Klopp: „Was sagen Sie denn dazu?" Journalist: „Ich würde sagen, dass es ein Tor war." Klopp: „Hut ab, dann hilft die Brille ja ein bisschen."

Journalist: „Was tun Sie so, um die Verkrampfung in ihrer Mannschaft zu lösen?" Klopp: „Ich hab mir ne Clownsnase gekauft und bin die ganze Woche damit durch die Gegend gelaufen."

„Ich habe mit Disharmonien schon lange nichts mehr zu tun. Ich habe als Kind Keyboard gelernt."

„Ich an Matthias Sammers Stelle würde jeden Morgen, bevor ich das Bayern-Trainingsgelände betrete, Gott danken, dass irgendjemand auf die Idee gekommen ist, mich da dazuzunehmen. Ich glaube nicht, dass Bayern München einen Punkt weniger hätte, wenn Matthias Sammer nicht da wäre."

„Es ist wie so oft im Leben: Wenn die Waschmaschine kaputt geht, ist am nächsten Tag der Trockner auch am Arsch. Und dann gibt der Fernseher den Geist auf."

„Also wir sind besser vorbereitet als der Dolmetscher. Was aber auch nicht schwer ist."

Zum Wechsel von Kevin Prince Boateng nach Schalke: „Ich habe ihm heute Morgen geschrieben: Schalke. Acht Fragezeichen. Und kam nichts zurück. Aber er braucht sich nicht zu schämen. Alles gut."

Zu BVB-Mitarbeiter Boris Rupert, nachdem er Klopp daran erinnert hatte, der HSV sei sein Angstgegner: „Wenn ich das jetzt alles sagen würde, was ich gerade über Dich denke, da wären Bushidos Liedtexte ein feuchter Furz dagegen."

Ein anderes Mal zu Rupert: „Wie viele Tage muss man vor dem Computer verbringen, um so eine Scheiß-Information rauszufiltern?"

„Sigi Held hat mittlerweile eine Stimme wie Gilbert Bécaud. Er singt uns gleich noch eins."

Schneck: „Lolek und Bolek ist eine Wortschöpfung des Trainers für die Polen." Klopp: „Aber es sind ja drei Polen da: Robbi, Tobbi und das Fliewatüüt."

„Zu mir hat einer nach dem Training gesagt: ,Wenn Ihr's jetzt nicht holt, werde ich Schalker.' 3.000 Leute haben ein Autogramm bekommen, und er nicht. Obwohl er ein gelbes Trikot anhatte. Man darf ja nicht vergessen, da stehen auch Kinder in der Nähe."

Die Strafen des Jürgen Klopp

Leidenschaft hat manchmal Folgen

78

Jürgen Klopp ist in der Bundesliga nicht nur deshalb zum bekanntesten Gesicht seiner Ära geworden, weil er mit Borussia Dortmund große Erfolge feierte und als Experte im ZDF Millionen Fernsehzuschauer erreichte. Wo Klopp auftauchte, da war was los. Witzig, charmant, fundiert aber auch aufbrausend, laut und ungerecht. Dieser Trainer bediente sämtliche Facetten, genau das machte den Unterhaltungswert aus. Regelmäßig – und auch das gehört zum Gesamtkunstwerk – übertrieb es „Kloppo". Meistens war es ihm nachher peinlich, vor allem, wenn ihm die Gesichtszüge mal wieder bis zur Unkenntlichkeit entglitten.

Insgesamt musste Jürgen Klopp in der Bundesliga 58.000 Euro an Strafen zahlen, was der Schwabe mit Humor nahm: „Das Geld geht ja an gemeinnützige Einrichtungen, da könnte man fast sagen, ich habe was Gutes getan." Hier ist die Chronik der Kloppschen Strafgelder:

5. Dezember 2004: Klopp wird vorgeworfen, sich während der Begegnung des FSV Mainz 05 gegen den 1. FC Kaiserslautern „unsportlich" gegenüber dem Schiedsrichter geäußert zu haben. Strafe: 2.500 Euro.

Immer wieder auf der Tribüne

18. März 2007: Im Spiel Mainz gegen Werder Bremen soll Klopp „Du Idiot" in Richtung Schiedsrichter Thorsten Kinhöfer gerufen haben. Strafe: 12.500 Euro.

8. November 2008: Klopp, nun Trainer beim BVB, hat sein Temperament weiterhin nicht im Griff. Bei der Niederlage gegen den Hamburger SV diskutiert er auf dem Spielfeld wütend mit den Unparteiischen, später soll er das Schiedsrichtergespann noch beschimpft haben. Strafe: 12.000 Euro.

17. Januar 2010: In Köln wird Klopp wegen mehrfachen Verlassens der Coachingzone auf die Tribüne verbannt. Beim späten 3:2-Siegtreffer durch Kevin Großkreutz tobt der Trainer wie wild über die Tribüne und jubelt dann trotz Innenraumverbots mit seinen Spielern auf dem Rasen. Strafe: 5.000 Euro.

12. November 2010: Beim Spiel gegen den HSV rennt Klopp nach einem Foul an Mario Götze wie von der Tarantel gestochen auf den vierten Offiziellen Stefan Trautmann zu und drückt ihm seine Mütze ins Gesicht. Strafe: 10.000 Euro.

25. September 2012: In der Nachspielzeit des Spiels gegen Eintracht Frankfurt legt sich Klopp lautstark mit dem vierten Offiziellen Guido Kleve an. Der Trainer wird auf die Tribüne verbannt und darf später eine Strafe von 6.000 Euro berappen.

18. September 2013: Der wohl bekannteste Ausraster von Jürgen Klopp: Beim Champion-League-Spiel in Neapel wird er von Schiedsrichter Pedro Proença auf die Tribüne geschickt. Die Bilder seines wutverzerrten Gesichts gehen um die Welt.

15. März 2014: Bei der Heimniederlage gegen Borussia Mönchengladbach schickt Schiedsrichter Aytekin den BVB-Trainer kurz vor Ende der Partie wegen wiederholten Meckerns („mehrfach unflätig verhalten") auf die Tribüne. Der DFB verhängt eine Geldstrafe von 10.000 Euro.

Heiß wie ein Vulkan: Jürgen Klopp

„Ich muss hier raus, ich muss nach Berlin!"

79

Was ein echter Fan auf sich nimmt

Was echte Fans auf sich nehmen, um ihrem Verein zu folgen, zeigte Michael Budde 1989. Nach langer Durststrecke hatte der BVB mal wieder ein großes Endspiel erreicht: Finale um den DFB-Pokal in Berlin gegen Werder Bremen. Natürlich wollte auch Budde dabei sein, Karten, Zugfahrt und Unterkunft waren gebucht. Doch 14 Tage vor dem großen Ereignis passierte der schlimme Unfall: Budde stürzte beim Montieren von Blitzschutzanlagen vom Dach. Die Diagnose lautete Pneumothorax, der Zustand war lebensbedrohlich. Es handelte sich um eine Art Lungenabriss, Michael Budde landete in der Unfallklinik in der Nordstadt.

„Ich habe fast vier Tage betäubt mit Schmerzmitteln auf der Intensivstation gelegen, und das Erste, was ich nach dem Aufwachen gedacht habe, war: ‚Du musst hier raus, du musst hier raus. Ich muss nach Berlin!' Ich war mehr tot als lebendig und habe tatsächlich nur an Berlin gedacht." Als der schwer verletzte Patient zwölf Tage später von den Schläuchen abgeklemmt und das Morphium abgesetzt wurde, war es Freitag. Das Spiel der Spiele fand am folgenden Tag statt. Es war überhaupt nicht daran zu denken, aufzustehen, sich anzuziehen, in einen Zug zu setzen und nach Berlin ins Stadion zu fahren. Doch genau das tat Michael Budde. Er verabschiedete sich von den verdutzten Krankenschwestern mit den Worten: „Ich muss jetzt weg. Nach Berlin."

Die Kündigung

Michael Budde packte seine Sachen, begab sich zum Bahnhof und fuhr los. „Ich sah aus wie der wandelnde Tod, aber das war mir völlig egal. Ich hab mir mein Trikot übergestreift, meine Klamotten und meine Karte genommen, bin zum Zug gegangen und ab zum Pokalfinale." Vor dem Olympiastadion traf er seinen damaligen Chef, der dachte, er habe eine Erscheinung. Die nach seiner Rückkehr erfolgte Kündigung hat Budde locker hingenommen. Er hatte einen 4:1-Erfolg und den Pokalsieg erlebt. Das war alles, was für ihn zählte.

„Der Erfolg von 1989, das ist so, wie es damals gelaufen ist, auch meine Geschichte. Und sie wird es immer bleiben. Ich war dabei, und kann mit

Immer dabei: Michael Budde mit Marcel Schmelzer (links)

Fug und Recht behaupten: Ich habe alles gegeben! Zudem war dieser Sieg gegen Werder für den Verein ungeheuer wichtig und richtungweisend. Und für uns als Fans. Weil wir den Älteren, die all die Erfolge aus den 1950er- und 1960er-Jahren miterlebt hatten, endlich mal was entgegenhalten konnten. Die haben uns ständig erzählt, wie toll es früher gewesen war. Jetzt hatten wir auch einen Titel. Unseren Titel. Und es war das Signal, dass es wieder losging. Nach oben."

Andre Arendsee

Ein Eigenheim für den BVB

80

Es gibt ja viele Fans, die Borussia Dortmund überall hin begleiten, aber manch einer unter ihnen treibt es auf die Spitze. Voraussetzung dafür ist die Liebe zum Verein, eine gewisse Abenteuerlust sowie die Bereitschaft, Zeit und Geld zu investieren. Von all dem, was Hardcore-Fans ausmacht, hat Andre Arendsee jede Menge. Der Mann ist wirklich omnipräsent. Wo auch immer der BVB aufläuft, Arendsee ist dabei. Auswärtsfahrten in der Bundesliga, Pokalspiele, Europapokal-Begegnungen, Trainingslager, Auslandsreisen zu Promotionszwecken.

Arendsee ist seinem Verein bis nach China, Singapur und Japan gefolgt. 2018 gab die Borussia während der Sommerpause gleich zwei Mal ihre Visitenkarte in den USA ab, Arendsee war beide Male mit von der Partie. Seine Leidenschaft für die Borussia bedeutet auch einige Opfer. Der Vater eines Sohnes besitzt so etwas wie eine Trainingslager-Dauerkarte. An die 50 Trainingslager in Folge hat der Vorsitzende des Fanclubs „Alte Garde" mittlerweile begleitet.

Eine teure Leidenschaft

Angefangen hat alles im Jahr 2002. Trainer in Dortmund war damals Matthias Sammer. Die Reise führte ins österreichische Bad Radkersburg. Seitdem ist Arendsee ohne Ausnahme dabei. Wie viele Kilometer er dabei abgespult hat? „Das kann ich gar nicht zählen." Von dem Geld, das er dabei ausgegeben hat, könnte er sich bequem ein Eigenheim kaufen. Arendsee schätzt, dass er bislang die stolze Summe von rund 300.000 Euro in seine Leidenschaft investiert hat. Es könnte aber durchaus noch mehr gewesen sein.

Wie gelingt es einem Menschen, der mitten im Arbeitsleben steckt, so viel Zeit und Geld für seine Leidenschaft aufzubringen? Arendsee hat das Glück, dass er als Feuerwehrmann in Unna im Schichtbetrieb eingebunden ist und zudem noch Kollegen hat, die ihn unterstützen: „Ich arbeite 24 Stunden, habe dann zwei Tage frei, arbeite wieder 24 Stunden und so weiter", berichtet er: „Wenn ein Kollege mit mir also eine Schicht tauscht, habe ich schon vier Tage am Stück frei. Und so kann man das mit den Touren ein bisschen hinwurschteln. Die Kollegen wissen, wie verrückt ich in dieser Hinsicht bin und manchmal schimpfen sie auch mit mir. Im Endeffekt hat bislang aber immer alles geklappt und dafür bin ich ihnen extrem dankbar."

Arendsee hat sich mit seinem Engagement beim BVB ein hohes Ansehen verschafft. Die Wertschätzung reicht bis in die höchsten Führungsgremien. Die Geschäftsführer Hans-Joachim Watzke und Carsten Cramer fragen den nimmermüden Fan nach seinen Eindrücken. Der vermisst es, dass sich die Profis in der Millionen-Branche Profifußball immer weniger mit ihrem Arbeitgeber identifizieren: „Das sind alles Individualisten, die gar nicht so richtig wissen, für welch einen Verein sie hier spielen", sagte Arendsee in einem Interview mit dem Internet-Portal „Spox.com": „Ich fände es gut, wenn man ihnen schon bei der Vertragsunterschrift erklärt, was den Verein ausmacht, warum hier so viele Fans ins Stadion gehen und zu den Auswärts-spielen reisen, wie sie sich zu verhalten haben und dass sie auf eine gewisse Weise stolz sein sollten, hier spielen zu können."

Absolute Leidenschaft: Andre Arendsee

2011 – nicht irgendeine Saison

Jüngster Meister der Bundesliga-Geschichte

81

Wer hätte das vorhergesagt? Niemand. Auch Jürgen Klopp war sich vor Beginn der Spielzeit 2010/2011 sicher, dass es keinen außergewöhnlichen Saisonverlauf geben würde: „Meister werden die Bayern, am meisten bedrängt sicher von Schalke, Bremen, Wolfsburg. Nicht zu vergessen Leverkusen und Stuttgart. Wir wollen tabellarisch in dem Umfeld landen, wo wir jetzt gelandet sind, also bei Platz fünf." Tatsächlich begann es nicht gerade grandios – 0:2 zuhause im Auftaktspiel gegen Bayer Leverkusen.

Doch dann ging es los: Auswärts wurden acht Spiele in Folge gewonnen. Bundesliga-Rekord. Schon nach dem 15. Spieltag war Borussia Herbstmeister, mit satten zehn Punkten Vorsprung auf Mainz 05, Klopps früherer Mannschaft. Spätestens als der BVB im Februar 2011 in München ein grandioses Spiel ablieferte und den Rekordmeister nach Toren von Barrios, Sahin und Hummels mit 3:1 bezwang, war klar, dass die Himmelsstürmer ihr Ding durchziehen würden. Am Ende war die Borussia mit jungen Profis wie Mats Hummels, Neven Subotić und Marcel Schmelzer nicht aufzuhalten. Mit einem Durchschnittsalter von 24,2 Jahren wurden die Dortmunder zum jüngsten Meister der Bundesliga-Geschichte.

Ganz Deutschland lag dieser Mannschaft mit ihrem mitreißenden Sturm-und-Drang-Stil zu Füßen. Ganz Dortmund sowieso, die Stadt feierte ihre Helden überschwänglich. Einziger Wermutstropfen: „Ich werde diesen wunderbaren Verein verlassen", sagte der sichtlich gerührte Nuri Sahin, der dem Ruf Real Madrids folgte, „aber diesen Tag werde ich niemals vergessen. Ich liebe euch alle."

Dortmund im Ausnahmezustand

Der Ur-Dortmunder Kevin Großkreutz schwärmte: „Ich sehe in die Augen der Menschen und sehe die Liebe, die uns entgegenschlägt." Jürgen Klopp, der diese Mannschaft geformt hatte, bekannte: „Ich habe Tränen in den Augen, so schön ist das, die Menschen hier zu sehen."

Dortmund befand sich im Ausnahmezustand, mitten drin im Trubel stand Clemens Grohs, stützte sich auf seinen Spazierstock und seine Augen leuchteten. Der Rentner aus dem münsterländischen Sendenhorst, seit 55 Jahren Vereinsmitglied, war von seinen Söhnen ins Stadion eingeladen worden. Ein großer Tag im Leben des Seniors, wie er dem „Spiegel" verriet: „Wer weiß denn, ob ich so etwas Schönes in meinem Leben noch mal erleben werde."

Wenn alle Dämme brechen: Der BVB ist Meister.

Roman Weidenfeller

We have a grandios Saison gespielt"

82

Es war nach dem letzten Saisonspiel der unglaublichen Saison 2010/2011, als die Himmelsstürmer von Borussia Dortmund im heimischen Stadion die Meisterschale in Empfang nahmen und in der Stadt daraufhin alle Dämme brachen. Überall herrschte der Ausnahmezustand, und dem trug auch Pressesprecher Josef Schneck Rechnung. „Hier taucht heute sowieso keiner mehr auf", sagte er den wartenden Journalisten in der „Mixed Zone" und machte kurzerhand den Weg auf das Spielfeld frei.

Fantastic, Roman, you have the Schale!

Dort spielten sich turbulente Szenen ab, die Spieler badeten in Sekt und Bier, stiegen auf die Zäune, um mit den Fans zu feiern, vor der Südtribüne ließ sich Kevin Großkreutz von Manndecker Felipe Santana die Haare abrasieren. Mittendrin im Trubel stand ein arabisches Fernsehteam von „TV Dubai", das den Wahnsinn in die Heimat transportieren sollte. Die folgende Live-Schaltung nach Dortmund wurde zum Kleinod der Berichterstattung. Schon der Reporter spricht nicht gerade schulmäßiges Englisch, und dann sagt Torhüter Roman Weidenfeller jenen Satz, der ihn sein Leben lang begleiten wird: „I think, we have a grandios Saison gespielt." Es ist ein Bonmot, das längst Eingang gefunden hat in die prall gefüllte Schatzkiste der besten Fußballersprüche.

Wie es dazu kam, schilderte Weidenfeller Jahre später so: „Wir waren mitten in der Feierlaune, standen oben auf dem Zaun und hatten schon

einige Bierchen intus, als Josef Schneck zu mir kam und mich weggezogen hat, um ein schnelles Interview zu geben. Ich wusste gar nicht, dass es auf Englisch sein sollte und war wohl nicht ganz Herr meiner Sinne." Zur Freude der Fans, für die dieser Satz zum Synonym einer Meisterleistung wurde, mit der vor der Saison niemand gerechnet hatte. Der ungewollte Kultspruch wurde auf T-Shirts gedruckt, und als die Mannschaft am Tag danach bei der offiziellen Meisterfeier mit dem Wagen auf dem Borsigplatz ankam, hing er als nicht zu übersehendes Transparent vor einem Wohnhaus. „Als ich gesehen habe, wie oft das Video geklickt wurde, war mir die Tragweite der Aktion bewusst", sagt Weidenfeller. Sieben Jahre später war das Motto für Weidenfellers letztes Spiel im Signal Iduna Park schnell gefunden: „A grandios Abschied".

2011: Die Meisterfeier des Neven Subotić

83

Oder: der private Parkplatz

Kaum einen Profi haben die Fans von Borussia Dortmund so innig ins Herz geschlossen wie Neven Subotić. Weil er als Flüchtlingskind eine besondere Geschichte zu erzählen hat. Weil er eine Stiftung gegründet hat, die sich dafür einsetzt, Brunnen in Afrika zu bauen und den Menschen sauberes Trinkwasser zu ermöglichen. Vor allem aber, weil er den Menschen immer das Gefühl gab, einer von ihnen zu sein. Seit jener Geschichte, als der Manndecker nach dem Gewinn der Meisterschaft 2011 spontan ins Kreuzviertel fuhr, um mit den Massen in Schwarz-Gelb abzufeiern, wird Subotić als Kultfigur verehrt.

Aber lassen wir ihn doch selbst erzählen: „Ich war so aufgekratzt, ich wollte abgehen. Ich bin dann hoch in den VIP-Bereich, wo ein paar Kumpels von mir waren. Und die waren genau so heiß wie ich. Wir haben uns gegenseitig hochgeschaukelt. Wir mussten irgendwo hinfahren, wo die Post abgeht. Uns war klar: Wir müssen da raus, wir müssen zu den Leuten.

Dann ging es nicht mehr weiter

Wir sind dann mit zwei Autos Richtung Stadt gefahren, um zu sehen, was da abgeht. Wir wollten einfach irgendetwas mit den Fans veranstalten. In eine Kneipe rein, ein bisschen singen, was auch immer sich ergibt. Bis in die Innenstadt sind wir allerdings nie gekommen. Schon auf dem Weg dorthin bist du kaum durchgekommen, so viele Leute hatten sich versammelt. Irgendwann standen wir dann im Kreuzviertel vor der Kneipe Barrock, und da ging es nicht mehr weiter, so viele Leute standen da auf der Straße rum.

Wir hatten unsere Fenster runtergekurbelt, und ein paar Menschen, die ganz in der Nähe standen, haben gecheckt, dass ich da im Auto war: ‚Ey Mann, das ist ja Neven Subotić!' Meine Kumpels haben mich angestachelt: ‚Neven, das ist jetzt Dein Moment. Steh auf und sing!' Ich also ab aufs Dach und angefangen zu singen: ‚Wer ist Deutscher Meister, BVB Borussia, wer ist Deutscher Meister, Borussia BVB.' Was dann passierte, das war der reine Wahnsinn. Innerhalb von einer halben Minute waren da ungefähr tausend Leute, das breitete sich wie ein Lauffeuer aus. Alle, wirklich alle haben gesungen und waren einfach nur glücklich. Diese Szene hatte so viel Kraft, es

Wie die Kinder: Subotić und Großkreutz flippen aus.

war einfach toll. Ich hab mein T-Shirt zerrissen und über meinem Kopf den Helikopter gemacht, während auf der Straße und den Bürgersteigen die Leute abfeierten. Es ist einfach unvergesslich und war genau das Richtige für diesen Moment. Irgendwann hat mir jemand auf Facebook den Hinweis geschickt, dass die Stelle, an der ich mit meinem Auto gestanden habe, mit Farbe eingezeichnet worden ist. Da stand mitten auf der Straße ‚Parkplatz nur für Neven Subotić'. Ich bin da sofort hingefahren, hab mir das angeschaut und ein Foto davon gemacht. Total cool."

Eine Meisterfeier mit Folgen

Auch Schule fängt mal später an

84

Als Borussia Dortmund 2011 die siebte Deutsche Meisterschaft seiner Vereinsgeschichte feierte, drehte die größte Stadt im Ruhrgebiet durch – die Menschen zelebrierten dieses Ereignis tagelang. Alle waren vom BVB-Virus infiziert, da machte auch Petra Meschke keine Ausnahme.

Im Buch „Dortmunder Jungs" berichtet die engagierte Pädagogin, dass der Verein Borussia Dortmund bei ihrer Arbeit eine nicht unerhebli-

Überzeugungstäterin: Petra Meschke

che Rolle spielt: „Schon lange vor der Meisterschaftsfeier haben wir uns intensiv mit der Materie beschäftigt. Im Rahmen unserer BVB-Werkstatt haben wir unterschiedliche Projekte gestartet, die mit dem BVB und Fußball in Verbindung stehen. So wurden im Deutschunterricht Gedichte geschrieben oder in Mathematik die Quadratmeter eines Spielfeldes berechnet. Im Kunstunterricht haben wir ein Stadion gebastelt. Viele Fächer wurde auf diese Weise in die Materie mit einbezogen.

Manchmal sage ich im Scherz, dass wir irgendwann so weit sind, dass man mit einer ‚Zwei' im Fach ‚BVB' eine ‚Fünf' in Mathe-

matik ausgleichen kann. Aber im Ernst: Der ehemalige Profi Knut Reinhard arbeitet heute ebenfalls als Lehrer, er ist an der Grundschule ‚Kleine Kielstraße' beschäftigt, und dort sind unter seiner Leitung viele Unterrichtsmaterialien entwickelt worden. Inzwischen haben wir für jeden Jahrgang einen Ordner. Das nehmen wir als Vorlage, zum Beispiel, um Steckbriefe von Spielern zu erstellen.

Andere Dinge machen wir lieber selbst und schicken sie zum BVB, wo sie überarbeitet werden. Es gibt da eine gute und enge Zusammenarbeit.

Zur Infoveranstaltung ‚Große Klasse' sind wir sogar ins Borusseum zu Kaffee und Kuchen eingeladen worden. Der Höhepunkt war eine Stadionführung, und ich hab auf Kloppos Platz auf der Bank gesessen und durfte den heiligen Rasen betreten. Welch ein erhabenes Gefühl!"

Großes Medieninteresse

Als es dann so weit war, dass der BVB Meister wurde, beschloss die Grundschullehrerin an der Libellenschule im Dortmunder Norden, ihre Kinder am Montag erst um zehn Uhr um sich zu versammeln. Den verspäteten Schulbeginn schenkte sie sich selbst und natürlich den Kindern, die in diesen außergewöhnlichen Zeiten ebenfalls an Schlafmangel litten. An der Libellenschule gab es eine Meisterfeier, Petra Meschke spielte auf ihrer Gitarre und die kleinen Schüler sangen Dortmund-Lieder. Später wurde Fußball gespielt. Klare Ansage der Lehrerin: „Alle müssen in Schwarz-Gelb kommen, anders kommt hier keiner rein."

Die Sache zog überraschend weite Kreise, weil die Pädagogin nicht nur ihrem privaten Umfeld, sondern auch einem Reporter des „Spiegel" von ihren Plänen berichtet hatte. Der schrieb die launige Anekdote auf, um zu verdeutlichen, wie sehr eine Stadt mit ihrem Fußballverein lebt. Was niemand vermutet hatte: Die an und für sich so harmlose Geschichte bekam einen offiziellen Anstrich, als sich ein besorgter Bürger zu einer Eingabe gemüßigt fühlte. Wie es denn sein könne, dass eine Lehrerin einfach den Schulbeginn verschiebe und ob es die Einführung der Schuluniform gegeben habe. Es klingt nahezu unglaublich, ist aber wahr: Es dauerte nicht lange, da bekam die Angelegenheit eine kuriose Eigendynamik: Die Schulaufsicht Dortmund bat um eine Stellungnahme, denn in der Behörde war eine Beschwerde eingegangen – nun bestehe Klärungsbedarf. „Ich war wirklich total überrascht, so etwas habe ich in meiner Laufbahn noch nicht erlebt", sagte die Grundschuldirektorin Christiane Mika: „Ich wusste am Anfang gar nicht, was ich davon halten soll."

Schnell nahm die Sache Fahrt auf, die Medienvertreter gaben sich die Klinke in die Hand: WDR, RTL, Sat.1, die ortsansässigen Tageszeitungen – plötzlich wollten alle über die Grundschule berichten. Ein Sportartikel-Hersteller bot sich an, die längst überfälligen Schuluniformen zu spenden. Natürlich in den Dortmunder Vereinsfarben. Petra Meschke geht bis heute davon aus, der Beschwerdeführer komme mit Sicherheit aus Gelsenkirchen. Natürlich genossen die Kinder diesen besonderen Tag in ihrer Schule in vollen Zügen. Ein Mädchen schrieb: „Wir haben gesungen und getanzt, alle waren in Schwarz-Gelb, auch unsere Lehrer. Es war der schönste Tag in meinem Leben."

Rekord-Saison 2011/2012:

81 Punkte waren der Lohn

85

Die Saison 2011/2012 begann für Borussia Dortmund alles andere als vielversprechend: 0:1 in Hoffenheim (2. Spieltag), 1:2 zuhause gegen Hertha (5. Spieltag), 1:2 in Hannover (6. Spieltag) – der BVB krebste auf Rang elf der Tabelle herum, dem Titelverteidiger und jüngsten Meister der Geschichte schien die Luft ausgegangen zu sein. Doch es sollte besser werden: Nach dem 1:0 in

Der BVB wie er singt und lacht.

München am 13. Spieltag wusste die Konkurrenz, dass es ein Fehler wäre, Klopps Truppe frühzeitig abzuschreiben.

Eine Woche darauf übernahm der BVB erstmalig die Spitze. Aber nur kurz, die Bayern kamen zurück. Es war nur eine Momentaufnahme, denn im Herbst starteten die Dortmunder eine Serie, wie sie die Bundesliga noch nicht gesehen hatte. Die Borussia spielte wie entfesselt und blieb 28 Spieltage in Folge ungeschlagen. Rekord! Es sollte nicht der einzige bleiben. 15 Siege und zwei Remis in der Rückrunde, auch das hatte es bis dato noch nicht gegeben. Bis zum Saisonende schaufelten die entfesselten Dortmunder insgesamt 81 Punkte auf ihr Konto. Mit einer solchen Ausbeute war bis dato noch kein Verein Deutscher Meister geworden. Die Bestmarke hielt

allerdings nur eine Saison. Dann schlugen die Bayern zurück und setzten mit dem Perfektionisten Pep Guardiola auf der Bank noch einen drauf: 91 Punkte.

Das Werk der Borussia in ihrer besten Saison wurde am 32. Spieltag vollendet, als Klopps Team mit dem 2:0 gegen die Borussia aus Mönchengladbach den Titel vorzeitig verteidigte. Auch danach ließ die Mannschaft nicht nach: Sieg in Kaiserslautern (5:2), Sieg gegen Freiburg (4:0) – es lief wie von selbst. Als das Werk vollendet war, sagte Torwart Roman Weidenfeller: „Das ist einzigartig, wir freuen uns riesig. Die Titelverteidigung war schwieriger als die Meisterschaft in der letzten Saison." Kevin Großkreutz, in der Mannschaft als Feierbiest bekannt und gefürchtet: „Wir werden nicht nur einen Tag feiern. Ich komme erst am Mittwoch wieder. Das werde ich Jürgen Klopp sagen. Was in unser Stadt los sein wird, kann sich Deutschland nicht vorstellen."

2012 – Bayern gedemütigt

Nach dem Doublesieg wird das Imperium zurückschlagen

86

Wie gewaltig die Verunsicherung und die Verzweiflung beim großen FC Bayern München waren, verdeutlicht allein dieser Satz: „Wir waren über 90 Minuten die bessere Mannschaft." Gesagt hat ihn Philipp Lahm, das Statement wirkte fast schon rührend angesichts der wahren Verteilung der Kräfteverhältnisse: Der Branchenführer war beim Pokalfinale in Berlin von seinem Herausforderer aus Dortmund förmlich an die Wand gespielt worden: 5:2 – ein Triumph für die einen, eine Demütigung für die anderen.

Alle mal herhören, wir haben das Double!

De facto hatten die Bayern der Angriffswucht des BVB nichts entgegenzusetzen. Vor allem Mittelstürmer Robert Lewandowski erwischte einen Glanztag. Der Pole schoss den Rekordmeister mit drei Treffern quasi im Alleingang ab. Nach dem Abpfiff schnappte sich der Ur-Dortmunder Kevin Großkreutz ein Megaphon und feierte mit den Fans. Mitspieler Moritz Leitner stieg sogar mit einer überdimensionalen schwarzgelben Fahne das Marathontor des Olympiastadions empor. Es war das sichtbare Zeichen für das, was alle Welt in den 90 Minuten zuvor vor Augen geführt worden war: Seht her, Borussia Dortmund war in Deutschland die klare Nummer eins.

Die Transferoffensive

Zuerst Deutscher Meister mit einer Rekord-Punkteausbeute, nun das erste Double der Vereinsgeschichte. Doch dieser Abend sollte auch eine Zeitenwende einleiten. BVB-Geschäftsführer Hans-Joachim Watzke

formulierte das, was nun geschehen würde, mit einem Satz, der danach noch oft zitiert werden sollte: „Das Imperium wird zurückschlagen."

Und so kam es dann auch: Die Bayern starteten eine noch nie dagewesene Transferoffensive und bedienten sich dabei vor allem beim größten Konkurrenten, der sie für einen Moment abgehängt hatte: 2013 wechselte Mario Götze unter größtmöglichem Getöse die Fronten, 2014 folgte Robert Lewandowski. Und dann holten die Münchner 2016 auch noch Kapitän Mats Hummels in dessen Heimat zurück.

Das schmerzte, der frustrierte BVB-Boss Watzke klagte über das Vorgehen des Konkurrenten mit dem schier unerschöpflichen Festgeldkonto: „Sie wollen uns zerstören. Nicht, weil sie uns nicht mögen, sondern, um uns dauerhaft als direkten Konkurrenten auszuschalten. Damit wir nie wieder eine Gefahr für sie darstellen." Die Folgen sind bekannt: Die Bayern dominierten die Liga bis zur totalen Langeweile und holten sich sieben Mal in Folge unangefochten die Meisterschale. Erst danach gelang es dem BVB unter Lucien Favre, wieder eine Mannschaft auf die Beine zu stellen, die dem Giganten aus dem Süden Paroli bieten konnte.

2013: Ein Spiel zum Ausflippen

Santana und das irre Finish gegen Málaga

87

Der 9. April 2013 war dazu auserkoren, eine ganze Stadt in Feierstimmung zu versetzen: Der FC Málaga hatte sich zum Rückspiel des Champions-League-Viertelfinales in Dortmund angesagt, die Aussichten schienen nach dem torlosen Remis beim Hinspiel in Spanien glänzend. Doch dann wurde es ein Abend, der so viel an Dramatik und Emotionen bot, dass ihn niemand vergessen wird, der dabei war.

Der nackte Wahnsinn: „Tele" Santana schreibt Geschichte.

„Auf den Spuren des verlorenen Henkelpotts" war vor dem Spiel auf der wunderschönen Choreografie zu lesen, die seitens der Südtribüne zelebriert wurde. Womit natürlich die Siegestrophäe in der Königsklasse des Fußballs gemeint war. Ein tolles Bild, „das danach in einem einmaligen, unvergesslichen Fußballabend verewigt wurde", wie die FAZ treffend bemerkte. Nach 90 Minuten schien die Borussia beim Zwischenstand von 1:2 schon ausgeschieden.

Wie die kleinen Kinder

Doch dann ging es los: Erst traf Marco Reus in der Nachspielzeit, wenige Sequenzen später stocherte Manndecker Felipe Santana den Ball irgendwie über die Linie. Ob er dabei im Abseits stand oder nicht, das interessierte in Dortmund niemanden. Lassen wir doch das BVB Net-Radio zu Wort kommen: „Wir rasten alle aus, der ganze BVB ist auf dem Rasen. Ich pack es nicht. Ich weiß gar nicht, wer das Tor gemacht hat, es ist auch so was von scheißegal."

Wie gesagt, es war Santana, dem sie es nach dieser Heldentat sogar verziehen, dass er zum Erzrivalen nach Schalke wechselte. Normalerweise wird das als Todsünde wahrgenommen, doch dem Brasilianer waren sie in Dortmund so dankbar, dass sie im Borusseum sogar eine eigene Ausstellung um sein Tor konzipierten.

Die Jubelbilder, die nach Santanas Treffer danach auf dem Rasen und auf den Rängen der Dortmunder Arena zu sehen waren, sind mit Worten nicht zu beschreiben. „Vorstands-Vorsitzende von großen Konzernen sind mir in den Rücken gesprungen", erinnert sich Geschäftsführer Hans-Joachim Watzke: „Die waren auf einmal wie kleine Kinder. Ich habe es vorher und nachher nie wieder erlebt, dass die Menschen so total und komplett ausgeflippt sind."

2013: Lewandowskis Viererpack

Die Königlichen gehen unter

88

Cristiano Ronaldo, Lionel Messi, Raúl González, Ruud van Nistelrooy, Zlatan Ibrahimović. Allesamt Megastars des europäischen Fußballs. Doch vergessen Sie die Superhelden mal für einen Moment. Vier Tore in einem Champions-League-Halbfinale hat noch niemand von ihnen geschossen. Diese Leistung ist einmalig, das unvergessliche Ereignis fand am 24. April 2013 statt. Der Protagonist kam aus Polen und lief in Schwarz-Gelb auf. Robert Lewandowski heißt der Mann, der nach dem letzten Akt seiner unfassbaren Show vier Finger der rechten Hand in den nächtlichen Himmel über dem Revier reckte, um der ganzen Welt zu zeigen: „Seht her, das hat es noch nie gegeben."

Am Ende gewann der BVB gegen Real Madrid mit 4:1 und spielte die Königlichen an die Wand. Über allem thronte Lewandowski, der sich an diesem Abend in die Unsterblichkeit schoss. Als der Mittelstürmer, der sich in einen wahren Spielrausch gesteigert hatte, später in der Mixed Zone des Dortmunder Stadions vor die Mikrophone trat, fasste er die historische Tat mit vier Treffern in drei Worten zusammen: „Das war geil."

Nervenstark muss man sein

Doch der Reihe nach, um der Chronistenpflicht genüge zu tun: Achte Minute, Lewandowski grätscht am langen Pfosten in eine Götze-Flanke und markiert das 1:0. Nach der Pause trifft er aus kurzer Distanz zum 2:1 (50.), um – nach einer herrlichen Ballmitnahme – mit voller Wucht aus 15 Metern zum 3:1 (55.) zu vollenden. In der 67. Minute krönt Lewandowski sein Werk, indem er nach einem Foul an Marco Reus den fälligen Elfmeter nervenstark in die Maschen drischt. Ein traumhafter Auftritt, wie er nur alle Jubeljahre zu sehen ist.

Wie so oft fand Jürgen Klopp die richtigen Worte zu diesem epochalen Abend: „Das war Fußball total, wir waren kaum aufzuhalten", sagte Dortmunds Trainer und lächelte selig: „Irgendeiner hat den Bogen gespannt, dann haben wir den Pfeil losgelassen. In der zweiten Halbzeit haben wir ein ganz, ganz tolles Spiel gezeigt. Was ‚Lewi' für Tore gemacht hat: Unglaublich. Das dritte Tor: Wahnsinnig."

Später scherzte Klopp während der Pressekonferenz, als er stolz verkündete: „Ich habe auch mal vier Tore geschossen. 1990 in Erfurt." Das Ge-

lächter bei den Journalisten war riesig. Als englische Berichterstatter nach-
fragten, ob seine Tore damals ähnlich schön gewesen seien, antwortete der
Trainer mit breitem Grinsen: „Eins war ähnlich."

Matador schießt Spanier ab: Robert Lewandowski.

2013: Ja, die Nerven …

Hans-Joachim Watzke versteckt sich auf dem Klo

89

Hans-Joachim Watzke ist ein erfolgreicher Geschäftsmann, der sich seit vielen Jahren in der harten Business-Welt bewährt und dabei oft genug bewiesen hat, dass er Tugenden wie Beharrlichkeit und Durchsetzungsvermögen besitzt. Am 30. April 2013 war es allerdings um das Nervenkostüm des BVB-Boss geschehen: In den letzten Minuten des Halbfinal-Rückspiels seiner Borussia in Madrid war sein Platz in der Ehrenloge des Bernabéu-Stadions plötzlich leer. Der Chef hielt die Spannung nicht mehr aus und flüchtete auf die Toilette.

Der 4:1-Vorsprung aus dem Hinspiel drohte zu zerrinnen, Real hatte bereits zwei Tore aufgeholt und benötigte nur noch einen Treffer, um ins Endspiel einzuziehen. Die Atmosphäre war knisternd, selbst der Zuspruch des spanischen Königs Juan Carlos konnte Watzke nicht beruhigen. „Ich habe mich auf der Toilette eingeschlossen und mir die Ohren zugehalten", gestand der Mann aus dem Sauerland nach dem Schlusspfiff und schaute immer noch reichlich mitgenommen drein. Erst als es keine „Stadionerschütterungen mehr gab" und der Finaleinzug des BVB besiegelt war, traute sich Watzke zurück auf die Tribüne: „Wir können einfach nur dramatisch", so kommentierte Watzke beim TV-Sender „Sky" die erfreulichste Niederlage der Dortmunder Vereinsgeschichte.

Lewinsky? Lewandowski

Als Trainer Jürgen Klopp mit dem Vorfall konfrontiert wurde, hatte der geborene Entertainer wie so oft einen schlagfertigen Kommentar parat: „Ich kann in solchen Situationen nicht weg, das ist mein Vorteil. Der Unterschied ist auch, dass ich in solchen Situationen nicht muss." König Juan Carlos und Watzke hatten sich in der Loge offensichtlich bestens verstanden. „Der König hat immer meine Hand gehalten, das war das Schöne dabei", berichtete der Gast aus Dortmund: „Er hat mich immer beruhigt, denn die ersten 20 Minuten waren wir ja massiv unter Druck. Der König ist ein netter Kerl, und er hat gesagt, wir haben großartige Spieler."

Watzke berichtete, der spanische König habe sich mit großem Interesse nach dem Transfer von Mario Götze zu Bayern München erkundigt, der Fußball-Deutschland in Atem hielt. Schmunzelnd gab Watzke den folgenden Dialog wieder: „Er hat mich gefragt, warum wir Götze verkaufen. Ich habe es ihm erklärt. Nicht so schlimm, hat er dann geantwortet, ihr habt ja

Herr König, ich bin dann mal weg: Hans-Joachim Watzke.

noch den Lewinsky." Juan Carlos meinte natürlich Lewandowski, der sich mit seinen vier Treffern im Hinspiel in die Geschichtsbücher des europäischen Fußballs geschossen hatte. Und nicht etwa Monica Lewinsky, die Ende der 1990er-Jahre weltweite Berühmtheit erlangte, weil sie als Praktikantin eine Affäre mit dem damaligen US-Präsidenten Bill Clinton hatte. Merke: Knapp daneben ist auch vorbei.

Deutsches Finale in Wembley

Erst fehlte das Glück, dann kam Pech hinzu

90

Der 25. Mai 2013 geht als größter Tag in die Geschichte des deutschen Vereinsfußballs ein. Nie zuvor hatte es in der UEFA Champions League ein rein deutsches Finale gegeben, doch nun war es soweit. Der Ort des Geschehens hätte besser kaum gewählt werden können: Wembley, also dort, wo es 1966 das WM-Finale gegeben hatte, bei dem die Deutschen – mit dem Dortmunder Hans Tilkowski als Protagonisten – ebenfalls eine Hauptrolle gespielt hatten.

Die Partie zwischen dem FC Bayern München und der Borussia aus Dortmund hielt eine ganze Nation tagelang in Atem. Beide Vereine fieberten dem Ereignis entgegen, am Finaltag bevölkerten rund 200.000 deutsche Fans – die Mehrzahl aus Dortmund – die britische Hauptstadt, dabei passen nicht mehr als 86.298 Besucher ins Londoner Wembley-Stadion. In der Heimat schauten sich fast 22 Millionen Menschen das deutsche Gipfeltreffen im Fernsehen an und bescherten dem ZDF damit eine Rekordquote.

Keine Rote?

Der BVB lieferte ein großes Spiel, unterlag dem ungeliebten Rivalen aus dem Süden in einer hochklassigen und temporeichen Begegnung allerdings nicht zuletzt deswegen, weil ihm auf der Zielgeraden die Luft ausging. Zudem spielte Schiedsrichter Nicola Rizzoli aus Italien eine unrühmliche Rolle, weil er in gleich drei spielentscheidenden Szenen darauf verzichtete, die Regeln konsequent anzuwenden. Zunächst leistete sich Bayerns Außenstürmer Franck Ribéry eine Tätlichkeit an Robert Lewandowski, als der Franzose dem Polen seinen Ellbogen ins Gesicht rammte. Im ZDF sagte der Experte Oliver Kahn, der früher selbst für die Bayern gespielt hatte: „Da hat es schon für weniger Rot gegeben."

Nach 20 Minuten hätten die Schwarz-Gelben eigentlich in Überzahl agieren müssen, doch Ribéry durfte weitermachen, später bereitete eben jener die Münchner Führung vor. Ein zweites Mal lag Rizzoli daneben, als er beim Foul von Bayerns Manndecker Dante, der Marco Reus mit dem Fuß gegen den Brustkorb trat, zwar Elfmeter gab, doch die fällige Gelbe Karte stecken ließ. Sie hätte für Dante, der bereits verwarnt war, den Platzverweis bedeutet. „Im Spiel hatte ich das Gefühl, dass man eine zweite Gelbe Karte geben kann", sagte BVB-Trainer Jürgen Klopp: „Als ich es im Fernsehen gesehen habe, war ich mir sicher, dass man sie geben muss."

Statt mit elf Mann gegen neun Bayern zu agieren, ging es in gleicher Stärke weiter. Mit Robert Lewandowski hätte in der 80. Minute übrigens auch ein Dortmunder vom Feld gemusst. Er war seinem Gegenspieler Jérôme Boateng mit voller Absicht auf den Knöchel getreten – eine klare Tätlichkeit. Erneut versäumte es der Unparteiische, einzuschreiten und die Regeln wie vorgesehen anzuwenden. Nach dem Spiel überraschte Rizzoli die europäische Öffentlichkeit, als er zu Protokoll gab, er habe das Finale nicht durch Platzverweise beeinflussen wollen. Dass er die Begegnung durch seine Verweigerungshaltung in eine andere Richtung lenkte, und zwar zugunsten der Bayern, verschwieg der Unparteiische allerdings.

Frust lass nach: Diese Niederlage hätte nicht sein müssen.

2014: Hummels trifft im Pokalfinale

91

… doch das Tor zählt nicht

Am 17. Mai 2014 diskutierte ganz Deutschland leidenschaftlich über die Torlinien-Technologie und den Videobeweis, der dann tatsächlich wenige Jahre später eingeführt werden sollte. Ganz Deutschland? Nicht ganz: Jürgen Klopp sagte, er benötige dieses Regulativ nicht. „Der war so weit drin, das kann man sehen, da braucht man keine Torlinientechnik. Alle meine Ersatzspieler, die sich hinter dem Tor warmgemacht haben, haben es gesehen."

Was war passiert? Beim DFB-Pokalfinale zwischen dem BVB und Bayern München flog in der 64. Minute eine Freistoßflanke von Marco Reus

Zu früh gefreut: Mats Hummels

in den Strafraum. Robert Lewandowski gewann das Kopfballduell gegen Dante, Torwart Manuel Neuer segelte am Ball vorbei, am langen Pfosten stand Mats Hummels, der das Spielgerät per Kopf ins Tor drückt. Dante sprang heran und schlug die Kugel aus dem Tor. Die BVB-Spieler jubelten bereits, doch Schiedsrichter Florian Meyer gab das Tor nicht. Die TV-Bilder zeigten: Der Ball war klar hinter der Linie. Allein der Umstand, dass Dante mit dem rechten Fuß auf der Linie stand, als er den Ball mit dem linken Fuß erwischte, hätte dem Unparteiischen und seinem Assistenten zeigen müssen, dass es sich um ein reguläres Tor handelte.

Berechtigte Wut

Der Treffer zählte nicht, die Bayern gewannen in der Verlängerung und die Nation geriet in Rage. Bayerns Vorstandschef Karl-Heinz Rummenigge ergriff daraufhin in geradezu rührender Art und Weise Partei für den Schiedsrichter: Es sei „unerträglich, in welchem Maße die Unparteiischen, die nicht auf Wiederholung, Zeitlupen und sogar mathematische

Berechnungen zurückgreifen können, öffentlich an den Pranger gestellt werden. Dies kann und sollte künftig verhindert werden."

Drei Jahre später, als sich die Bayern beim Champions-League-Viertelfinale gegen Real Madrid vom Unparteiischen benachteiligt fühlten, klang das in der Tendenz irgendwie anders. Da hielt Rummenigge den Mann in Schwarz plötzlich nicht mehr für schützenswert. Stattdessen lederte der Funktionär derbe drauflos: „Ich muss sagen, ich habe heute zum ersten Mal so etwas wie wahnsinnige Wut in mir. Wut, weil wir beschissen worden sind. Wir sind beschissen worden, im wahrsten Sinne des Wortes." Darüber, ob sein Verständnis für die Dortmunder Gefühlslage im Mai 2014 nun gewachsen sei, äußerte sich Rummenigge allerdings nicht.

2014: Götze macht ihn

Ein Borusse wird zur Fußball-Legende

92

Mario Götze reihte sich in die Ahnengalerie derjenigen Legenden ein, die Deutschland zum Weltmeistertitel schossen. Lassen wir in einem Rückblick doch einfach mal die Reporter zu Wort kommen, die am Mikrofon saßen, als in Deutschland jeweils Fußball-Geschichte geschrieben wurde:

Sein größter Moment: Das Wunderkind dreht ab.

Herbert Zimmermann, Bern 1954: „Bozsik, immer wieder Bozsik, der rechte Läufer der Ungarn am Ball. Er hat den Ball verloren diesmal, gegen Schäfer. Schäfer nach innen geflankt, Kopfball, abgewehrt, aus dem Hintergrund müsste Rahn schießen. Rahn schießt. Tooooor! Tooooor! Tooooor! Tooooor!"

Rudi Michel, München 1974: „Ja, und Grabowski spielt auf Bonhof. Müller. Und 2:1. Niederlande – Bundesrepublik Deutschland – eins zu zwei. Torschütze: Müller. Tore, die Müller macht, die eigentlich nur Gerd Müller macht, weil er die kürzesten Reflexe hat. Selbst wenn der Ball beim ersten mal vom Fuß springt, er setzt sofort nach. Das war die 44. Minute."

Von Memmingen nach Dortmund

Gerd Rubenbauer, Rom 1990: „Tja, an diesem einen Schuss, meine Damen und Herren, kann der Weltmeister-Titel für die deutsche Mannschaft hängen. Er kann mit links und kann mit rechts. So, genug der Prognosen, hoffentlich trifft er. Das ist das einzig Wichtige. Brehme gegen den Elfmetertöter Goycochea. Jaaaa, Tor für Deutschland. 1:0. Durch Andreas Brehme. Alles wie gehabt, mit rechts flach ins linke Eck. Goycochea wusste alles, nur halten konnte er ihn nicht."

Tom Bartels, Rio de Janeiro 2014: „Schürrle. Der kommt an. Mach ihn. Mach ihn. Er macht ihn. Mario Götzeeeee! Das ist doch Wahnsinn. Und er ist gekommen, dieser eine Moment für Mario Götze. Da ist alles andere egal. Irre. Der Bundespräsident steht, die Kanzlerin. Das nächste Jokertor für Deutschland. Helmut Rahn, Gerd Müller, Andi Brehme, Mario Götze – ist das die Viererreihe? Es sind noch sieben Minuten."

Diese sieben Minuten hat die DFB-Elf überstanden, damals in Rio. Und Götze machte sich unsterblich. Das Wunderkind, das mit fünf Jahren aus Memmingen im Allgäu nach Dortmund kam, um zur größten Verheißung zu werden. Als Götze in Brasilien in der Verlängerung das Finale gegen Argentinien entschied, war er gerade mal 22 Jahre und durchlebte gerade eine schwere Karrierephase. Der Wechsel nach München und die dadurch ausgelösten Tumulte, waren alles andere als spurlos an ihm vorübergegangen. Als Bundestrainer Joachim Löw am 13. Juli seinen Joker auf den Rasen schickte, gab er ihm den legendären Satz mit auf den Weg: „Zeig der Welt, dass du besser als Messi bist." Das Urheberrecht auf dieses Bonmot darf übrigens Peter Hyballa für sich beanspruchen, der Götze in der Dortmunder A-Jugend trainierte. Hyballa erinnerte sich vor dem Finale daran, dass er wusste, „wie man bei Mario den richtigen Knopf drückt", und ließ dies dem Bundestrainer ausrichten. Es hat funktioniert, Hyballa darf also einen kleinen Anteil am Titelgewinn für sich verbuchen.

Loai Mansour

Der verrückte Araber

93

Wie faszinierend die Südtribüne des Dortmunder Stadions und wie groß die Strahlkraft der Gelben Wand ist, dokumentiert eine Geschichte, die am anderen Ende der Welt begann. Genau gesagt in Dammam, einer 800.000-Einwohner-Stadt an der Ostküste von Saudi Arabien. Dort saß im Sommer 2010 Loai Mansour vor dem Bildschirm seines Computers und tat das, was Millionen anderer Teenager auf dieser Welt auch tun. Daddeln im Internet. Plötzlich und unerwartet fand er etwas, das ihn nicht nur in seinen Bann zog, sondern sein ganzes Leben verändern sollte: „Ich sah ein Foto von der Südtribüne", berichtete der Araber dem Magazin „11 Freunde": „Die Spieler

Liebe auf den ersten Blick: Loai Mansour auf der Süd

saßen einfach nur davor und staunten. Ein unglaublicher Anblick". Es war Liebe auf den ersten Blick, danach konnte Mansour von der Süd nicht mehr lassen. Es entwickelte sich eine Geschichte, die die „Ruhr Nachrichten" als „verrückt, absurd, liebenswürdig" beschreiben. Der junge Mann war verrückt nach Schwarz-gelb, er wollte unbedingt nach Deutschland, ins Revier, in dieses Stadion, das es ihm so sehr angetan hatte.

Drei Wörter Deutsch

Die Eltern hatten andere Pläne, sie stellten sich vor, ihr Sprössling solle in den USA studieren. Doch sie hatten die Rechnung ohne ihren Sohn gemacht, der möglichst nahe am Ort seiner Sehnsucht sein wollte. Loai Mansour bearbeitet seinen Vater und seine Mutter so lange, bis er nach Deutschland fliegen darf. Am 19. Oktober 2012 landet sein Flieger in Düsseldorf, zwei Stunden später steht er zum ersten Mal vor dem Stadion. „Ein unvergesslicher Augenblick", sagt er, „es fühlte sich so an, als würde gerade die Sonne aufgehen."

Zu diesem Zeitpunkt besteht sein deutscher Wortschatz aus drei Wörtern. „Ja", „Nein", „Tor". Das erste Spiel ist ein Revierderby, die Begegnung gegen Schalke geht mit 1:2 verloren. Macht nichts, wenige Tage später sieht der Neuling einen Heimsieg gegen Real Madrid, den Marcel Schmelzer mit seinem Treffer zum 2:1 sicherstellt. Der Himmel hängt voller Geigen, natürlich alle in Schwarz-Gelb. Mansour beschließt, dass er das nun öfter haben will. Er jettet für ein Spiel nach Dortmund: 20 Stunden Hin- und 20 Stunden Rückflug für einen 5:1-Heimsieg gegen Freiburg.

Das kann auf Dauer nicht so bleiben. Nachdem die Schule beendet ist, macht der junge Mann Nägel mit Köpfen: Er zieht zum Studium nach Bonn, die Fahrt vom Rhein ins Revier ist ein Katzensprung. Die Entfernung zum Lieblingsort verringert sich von 6.000 auf 150 Kilometer. Seine verrückte Geschichte spricht sich natürlich herum, Trainer Jürgen Klopp lädt den Araber sogar zu einem Trainingsbesuch nach Brackel ein. Der junge Mann ist längst Dortmunder durch und durch. Loai Mansour meint das wirklich ernst, wenn er „11 Freunde" von seinem größten Steckenpferd berichtet: „Schalke verlieren zu sehen und darüber zu lachen, ist mein größtes Hobby."

Kein Bier für Rassisten!

Vorbildliche Aktion im Kampf gegen Rechts

94

Im März 2015 sorgte eine Aktion für Aufsehen, deren Bedeutung weit über die Stadt Dortmund und ihren Fußballverein hinausragte: „Kein Bier für Rassisten! Fußball, Bier, Weltoffenheit", war auf schwarz-gelben Bierdeckeln zu lesen, die tausendfach in Dortmunder Kneipen verteilt wurden. Es war ein klares und unmissverständliches Statement, um die Werte zu betonen, denen sich der BVB verpflichtet fühlt.

Neben der Symbolik des Bierdeckels, lieferten der Gesamtverein und die Fanabteilung von Borussia Dortmund auf der Vereins-Homepage auch inhaltliche Argumente gegen jene rassistische Stammtischparolen, die leider allzu häufig in der Öffentlichkeit zu hören sind. Die Webseite liefert harte Fakten gegen stumpfe Behauptungen: Über einen QR-Code auf der Deckelrückseite kann zudem direkt vor Ort mit dem Smartphone eine ganze Liste an stichhaltigen Argumenten gegen rassistische Unterstellungen aufgerufen werden.

Klare Positionen sind nötig

Reinhard Rauball, bis 2022 BVB-Präsident, erläuterte die Beweggründe für die Kampagne, die in der gesamten Fußballszene große Beachtung fand: „Borussia Dortmund, die Fan- und Förderabteilung und alle BVB-Fans tragen Verantwortung, bei ausländer- und menschenfeindlichen Parolen nicht wegzuhören, sondern klar Stellung dagegen zu beziehen. Durch diese gemeinsame Aktion verdeutlicht die BVB-Familie einmal mehr ihre klare Haltung: für Toleranz und einen bunten BVB, gegen Rassismus und Fremdenfeindlichkeit."

Tobias Westerfellhaus, Vorstandsmitglied der BVB-Fanabteilung, ergänzt: „Leider ist das Thema Rassismus auch in Dortmund aktuell wie nie. Wir wollen ein Zeichen dafür setzen, dass die menschenverachtende Weltanschauung dieser Leute nicht zu Dortmund passt." Es gehe darum, das Bewusstsein der Menschen in Zeiten zu schärfen, in denen es weltweit einen Rechtsruck gebe: „Was Stammtischparolen gefährlich macht, ist, dass sie selten wirklich bemerkt und aufgegriffen werden."

Die Fanabteilung will dauerhaft „für das Eintreten für Weltoffenheit, Toleranz, Integration und gegen Nationalismus, Rassismus und völkische Hetze" Stellung beziehen: „Unser Antrieb ist gesunder Menschenverstand. Diese Werte, für die wir einstehen, sind nicht nur in der freiheitlichen, demokratischen Grundverordnung der Bundesrepublik Deutschland verankert, sondern finden sich auch in der Satzung des BV Borussia 09 e.V. Dortmund wieder." Aktionen wie „Kein Bier für Rassisten!" seien für engagierte Fans „Herzensprojekte". Getreu dem Leitsatz, der im Dortmunder Stadion als Transparent zu lesen ist: „Borussia verbindet Generationen. änner, Frauen. Alle Nationen."

Es bleibt dabei: Kein Bier für Rassisten.

2017 – Geldgier ohne Scham

Der bestürzende Anschlag auf den BVB-Bus

95

Der 11. April 2017 geht als einer der schwärzesten Tage in die Geschichte von Borussia Dortmund ein. Rein gar nichts hatte darauf hingedeutet – im Gegenteil: Am Abend sollte im ausverkauften Stadion gegen AS Monaco eine weitere große Champions-League-Nacht steigen. Doch statt einer Gala unter Flutlicht gab es das blanke Entsetzen. Statt Fußball gab es ein Attentat.

Was war passiert? Als der BVB-Mannschaftsbus den Parkplatz des Hotels, in dem sich die Borussen traditionell auf große Begegnungen vorbereiten, verließ, detonierten drei Sprengsätze neben dem vollbesetzten Fahrzeug. Inhalt: 90 fingerlange Metallbolzen. Der Verteidiger Marc Bartra blutete nach der Explosion, Glassplitter steckten in seinem Arm. Geschrei, Panik, außerdem wurde noch ein Polizist verletzt. Festgenommen wurde Sergej W., ein Elektriker aus dem Schwarzwald, der sich vor seiner Tat Geld geliehen hatte, um auf einen Kurssturz der BVB-Aktie zu wetten. Das Spiel wurde abgesagt und auf den folgenden Abend verlegt. Ein Umstand, den Trainer Thomas Tuchel massiv kritisierte, und der zum endgültigen Bruch mit den Dortmunder Klub-Bossen führte. Während des Prozesses gegen den Täter bekräftigte Tuchel: „Der große Dissens bestand darin, dass ich im Bus saß und Aki Watzke nicht." Tuchel wurde am Saisonende entlassen.

Auch sonst waren die Folgen des Attentats gravierend, wie die Aussagen von Spielern dokumentieren. Torwart Roman Weidenfeller: „Das war ein Anschlag auf das Leben. Das hat mein Leben verändert." Kapitän Marcel Schmelzer: „Ich versuche, es wegzuschieben. Aber es gibt immer wieder

Momente, in denen man denkt, was für ein Glück wir hatten." Verteidiger Matthias Ginter, der bei seinem Auftritt während der Gerichtsverhandlung in Tränen ausbrach: „Du hast einfach Angst, wieder in einen Bus zu steigen." Der Verteidiger gab zu Protokoll, ans Karriereende gedacht zu haben. Mittelfeldmann Shinji Kagawa sagte: „Ich hatte anfangs Schlafprobleme und auch zu Hause Angst." Torwart Roman Bürki: „Wenn hinter mir jemand etwas fallen lässt und das sehr laut ist, erschrecke ich sehr und werde wütend."

Das lässt sich nicht schnell verarbeiten

Es dauerte, bis die Mannschaft ihre traumatischen Erlebnisse verarbeitet hatte. Und bis der Prozess beendet war, der Dortmund in Atem hielt. Am 27. November 2018 wurde Sergej W. zu einer Haftstrafe von 14 Jahren verurteilt. Der Angeklagte wurde des versuchten Mordes in 28 Fällen für schuldig befunden. Ob die unseligen Geschehnisse damit endgültig ad acta gelegt werden können?

Abscheuliche Tat: Anschlag auf den BVB-Bus

2017: Eine schwierige Zeit

Dembélé streikt sich zu Barcelona

96

Die Jahre 2016 und 2017 waren keine gute Phase für alle Fans, die ihr Herz an die Borussia verschenkt haben. Sie mussten damit klarkommen, dass einige Profis im schwarz-gelben Trikot möglichst schleunigst wieder aus der Westfalenmetropole verschwinden wollten. Da war Henrich Mchitarjan, der bei seiner Ankunft im Revier beteuerte, für ihn habe sich ein Traum erfüllt – keine drei Jahre später forcierte er, trotz laufenden Vertrags, mit großem Nachdruck seinen Wechsel zu Manchester United. Nur um dort mit schmachtender Stimme zu konstatieren, ein Traum sei in Erfüllung gegangen. Den Spruch wiederholte der Armenier tatsächlich noch einmal, als er zu Arsenal London weiterzog. Ein wahrer Prototyp der Gattung Profi, die von den Fans zu Recht als „Söldner" beschimpft werden. Übrigens mutmaßen Spötter mittlerweile, auf Mchitarjans Grabstein werde eines Tages sein Leitmotiv zu lesen sein: „A dream has come true".

Ein weinendes und ein lachendes Auge

Noch heftiger war das Wechseltheater um Pierre-Emerick Aubameyang – und dann gab es da ja auch noch Ousmane Dembélé. Der junge Franzose, der so unschuldig dreinblickte und sich so dreist gebärdete, trieb die Dinge auf die Spitze. Um seinen Wechsel zum FC Barcelona zu erzwingen, trat er wochenlang in den Streik und ward fortan nicht mehr gesehen. Niemand konnte Dembélé davon überzeugen, seinen vertraglichen Verpflichtungen nachzukommen und auf dem Trainingsplatz zu erscheinen. Es war eine Posse, die alle Beteiligten jede Menge Nerven kostete, einfach nur ärgerlich war und weitere Zweifel an der Integrität der Branche Profifußball säte.

Am Ende ließen die Dortmunder den Abtrünnigen nach Katalonien ziehen. Mit einem weinenden und einem lachenden Auge: Sie hatten eines der größten Talente Europas verloren, dafür aber eine Ablöse erzielt, die alle Grenzen sprengte. Mit allen Zuschlägen zahlte Barca an die 150 Millionen Euro für einen 20-jährigen Jüngling – eine irre Summe, die es bis dato in der Bundesliga nicht gegeben hatte. Doch damit war der Ärger noch nicht vorbei: Später stellte sich heraus, dass Dembélé sein Dortmunder Haus verwüstet zurückgelassen hatte, und sein Vermieter auf eine saftige Nachzahlung bestand. Die Sache landete vor Gericht.

Alles in allem ein unrühmliches Kapitel. Hans-Joachim Watzke redete hernach Klartext: „Wenn Spieler streiken und dem Verein nur eine einzige Handlungsalternative geben, kann man das als Erpressung bezeichnen", sagte der BVB-Geschäftsführer, der betonte, so etwas werde sich sein Verein nicht noch einmal bieten lassen: „Der Nächste, der so etwas versucht, wird länger auf der Tribüne sitzen."

Nicht die feine Art: Ousmane Dembélé

Pierre-Emerick Aubameyang

Paradiesvogel, Querulant, Topstürmer

97

Am 10. August 2013 gab ein Mann sein Bundesliga-Debüt, der Borussia Dortmund jahrelang in Atem halten sollte: Pierre-Emerick Aubameyang. Der Stürmer zeigte direkt beim ersten Auftritt, was von ihm zu erwarten war und erzielte beim 4:0 in Augsburg gleich drei Treffer. Damit ist Aubameyang der erste gabunische Spieler und Torschütze in der Bundesliga-Geschichte und zudem der erste Dortmunder, der bei seinem Pflichtspiel-Debüt drei Mal

Echter Hingucker: Aubameyang fiel auch auf der Tribüne auf.

einnetzte. Und so ging es weiter: In der Saison 2015/2016 gelang „Auba",
wie ihn Fans und Mitspieler riefen, als erstem Spieler der Bundesliga in den
ersten acht Saisonspielen jeweils mindestens ein Tor.

Dieser Typ war nicht nur auf dem „grünen Rasen" (O-Ton Norbert Dickel) auffällig, sondern auch außerhalb. Stets in teurer Designermode unterwegs, die Frisur extravagant, die Tasche mit den Habseligkeiten mit
Strass besetzt, stieg Aubameyang in einen seiner vielen Sportwagen der
Luxusklasse und brauste davon. Keine Frage: Dieser immerzu lachende
junge Mann brachte Zirkusluft in die Westfalenmetropole. Neben seiner
schillernden Außendarstellung war der unvergleichliche Raketenantritt das
markanteste Merkmal von Aubameyang. Er benötige nach eigenen Anga-
ben für die ersten 30 Meter lediglich 3,78 Sekunden – und sei damit schneller als Sprint-Superstar Usain Bolt.

Mal schnell shoppen in Mailand

„Auba" war ein Star, mit großen Fähigkeiten und ebenso großen Al-
lüren. Im Januar 2016 wurde er als erster Bundesligaspieler zu Afrikas
Fußballer des Jahres gewählt. In der Saison 2016/2017 wurde er mit 31
Treffern Bundesliga-Torschützenkönig und machte zudem mit einem verwandelten Foulelfmeter zum 2:1 den DFB-Pokalsieg gegen Eintracht
Frankfurt perfekt. Das war eine Seite der Medaille. Die andere waren die
ständigen Eskapaden, mit denen der Profi seinen Arbeitgeber und die Fans
in Atem hielt. Mal kurz mit dem Learjet zum Shoppen nach Mailand oder
zum Friseur nach Paris – das war verzeihlich, solange „Auba" traf. Doch ab
Mitte 2017 wurde es unangenehm, weil beinahe wöchentlich über Wech-
selabsichten berichtet wurde: Paris Saint-Germain, AC Mailand, Real Madrid, Tianjin Quanjian im fernen China. Aubameyang flog nach Diszplin-
losigkeiten und schlechten Trainingsleistungen aus dem Kader, dann – endlich – folgte mit dem Wechsel zu Arsenal London das Ende des unwürdigen
Theaters, das den gesamten Verein erfasst hatte. Kapitän Marcel Schmelzer
sprach von „kleinen Störfeuern, die – wenn man sie nicht löscht und darüber spricht – zu einem Riesenbrand werden".

Bei seinem Abgang entschuldigte sich Aubameyang mit den Worten:
„Vielleicht war es nicht der beste Weg, aber jeder weiß, dass ‚Auba' verrückt
ist. Und ja, ich bin ein verrückter Junge." Pierre-Emerick Aubameyang zog
auf die britische Insel weiter, doch vergessen wird ihn in Dortmund keiner.
Torschützenkönig, Afrikas Fußballer des Jahres, ein legendärer Auftritt als
Batman im Revierderby, Paradiesvogel, ewiger Querulant. Aubameyang
hat die Fans verzückt und sie mit ständigen Eskapaden genervt. Langweilig
war es mit ihm nie ...

Was für ein Rekord

23 Mal in Folge ein Tor in Hannover

98

Es gibt in der Bundesliga tatsächlich noch ein paar Rekorde, die nicht vom FC Bayern München gehalten werden. Statistikfreaks müssen sich zwar ein bisschen bemühen und graben, aber dann werden sie fündig. Zum Beispiel mit dieser Bestleistung: Borussia Dortmund schoss in Hannover 23 Mal in Folge mindestens ein Tor. Eine längere derartige Serie gab es in der Bundesliga-Geschichte noch nie.

In der Hauptstadt von Niedersachsen pro Saison mindestens einen schwarz-gelben Treffer bejubeln zu dürfen, funktionierte exakt bis zum 31. August 2018, dem zweiten Spieltag der 56. Bundesliga-Saison. An jenem spätsommerlichen Freitagabend trennte man sich in Hannover mit einem torlosen Remis. Es war ein Spiel ohne großen Erinnerungswert, mehr als zwei Pfostentreffer von Maximilian Philipp und Marco Reus gab es nicht zu bestaunen. Entsprechend selbstkritisch fiel die Analyse von Kapitän Reus aus: „Es war kein aufregendes Spiel, es gab wenig Chancen. Ein typisches 0:0."

Übrigens: Bayer 04 Leverkusen ist Mitinhaber des Rekords, denn dem Werksklub gelang zwischen 1991 und 2012 in Bremen ebenfalls exakt 23 Mal in Serie immer mindestens ein Tor. Einen weiteren Rekord, der sich nicht in den Händen der Über-Bayern befindet, stellte der BVB ebenfalls in der Saison 2018/2019 auf: Eine Spielzeit, in der dem Gastgeber in jedem Heimspiel mindestens zwei Tore gelingen, das hatte es in der Bundesliga-Geschichte bis dato noch nicht gegeben.

Im August 2018 ging der BVB in Hannover leer aus.

Favres Rekord

99

Besser als ein Schweizer Uhrwerk

Helmut Schneider, „Fischken" Multhaupt, Ottmar Hitzfeld, Udo Lattek, Matthias Sammer, Jürgen Klopp, Thomas Tuchel: Borussia Dortmund hatte in seiner ruhmreichen Geschichte schon viele bemerkenswerte Trainer, aber das hat noch keiner geschafft: Mit dem 1:0-Auswärtserfolg in Wolfsburg in der Saison 2018/2019 stellte Lucien Favre eine neue Bestmarke auf.

Der Schweizer hat es geschafft, als neuer Trainer in den ersten 15 Pflichtspielen keine Partie zu verlieren. Der Sieg in der Autostadt bedeutete also einen Vereinsrekord. Im 16. Spiel war sie dann fällig, die erste Niederlage. In der Champions League war der BVB beim 0:2 bei Atletico Madrid chancenlos, eine Welt brach in Dortmund dadurch allerdings nicht zusammen: Sebastian Kehl, erst seit wenigen Monaten Leiter der Lizenzspieler-Abteilung, fand es zwar „ungewohnt, eine Niederlage zu erklären. Aber es war klar, dass sie irgendwann kommt. Das ist nun wirklich kein Beinbruch, damit können wir leben."

Genau so ist es, schließlich kam der BVB auf internationalem Parkett souverän weiter und blieb auch in der Bundesliga in der Erfolgsspur: Erst kurz vor Weihnachten, am 16. Spieltag, gab es beim 1:2 in Düsseldorf die erste Niederlage. Auch das war in Dortmund vor Favre noch keinem Trainer gelungen. Chapeau, Monsieur.

Daumen hoch: Lucien Favre startete mit Schwarz-Gelb durch.

Paco Alcácer

Der Joker trifft und trifft und trifft

100

Haben Sie schon mal den Namen Charly Dörfel gehört? Wenn nicht, müssen Sie sich nicht grämen. Der Mann ist 80 Jahre alt und trat gegen den Ball, als der Hamburger SV im deutschen Fußball noch eine große Nummer war. 1963 traf der begnadete Linksaußen beim ersten Bundesligaspiel der Geschichte für den HSV zum 1:1-Endstand bei Preußen Münster, in den Spielen danach gelangen ihm gegen Saarbrücken und Karlsruhe noch fünf weitere Treffer. Sechs Tore in den ersten drei Bundesliga-Begegnungen, das hat es seitdem nicht mehr gegeben.

Gert Dörfel, den alle nur „Charly" riefen, benötigte für sein Kunststück exakt 223 Minuten. Ein Uralt-Rekord. Für die Ewigkeit? Mitnichten. 55 Jahre später betrat ein Spanier die Bühne und pulverisierte die Bestleistung aus der Gründerzeit: Ein Tor gegen Frankfurt, zwei in Lever-

Die Hände zum Himmel: Edeljoker Paco Alcácer

kusen, drei gegen Augsburg – Paco Alcácer brauchte 81 Minuten, um sich in den Geschichtsbüchern der Bundesliga zu verewigen. Beim 4:0 in Stuttgart setzte der 26-Jährige sogar noch einen drauf. Sein wunderschön anzusehender Heber in der 25. Minute war Treffer Nummer sieben.

Der Knipser für schmales Geld

Alcácer traf alle 18 Minuten, die Statistiker hatten Schwierigkeiten, all die Bestleistungen aufzulisten. Denn der Wahnsinn ging auch noch außerhalb unserer Landesgrenzen weiter: Der unglaubliche Stürmer schlug auch für die spanische Nationalmannschaft nach Herzenslust zu: Zwei Tore in 73 Minuten beim Sieg in Wales, gegen England kam Alcácer in der zweiten Hälfte ins Spiel und traf mit der ersten Ballberührung gleich per Kopf. Insgesamt zehn erfolgreiche Abschlüsse bei zehn Versuchen. Eine solche Quote würde schon bei Handballern und Basketballern Ovationen auslösen. Bei Fußballern ist sie schlichtweg unfassbar. Und Alcácer traf weiter: In Düsseldorf erzielte er sein zehntes Jokertor in einer Saison, das war vor dem Spanier noch keinem Profi in der höchsten deutschen Spielklasse gelungen.

Dortmunds Stürmer löste damit Nils Petersen (SC Freiburg 2016/2017) und Ioan Ganea (VfB Stuttgart 2002/2003) ab, die als Einwechselspieler während einer Saison jeweils neun Mal getroffen hatten. Doch wofür seine Vorgänger eine ganze Spielzeit benötigten, schaffte dieser famose Spanier noch während der Hinrunde. Phänomenal! Dass dieser Stürmer in der Bundesliga landen konnte, erscheint beinahe märchenhaft. Schließlich genießt Alcácer in Spanien eine hervorragende Reputation. Doch weil er beim FC Barcelona an Weltstars wie Lionel Messi, Neymar oder Luis Suárez nicht vorbeikam, forcierte Alcácer seinen Wechsel.

Dass „Barca" seinen Bankdrücker für eine Gebühr von 2,3 Millionen Euro zunächst bis zum Saisonende 2018 ziehen ließ und den Dortmunder darüber hinaus auch noch eine Kaufoption einräumte, war eine schwere unternehmerische Fehlleistung. Die vereinbarte Ablösesumme in Höhe von rund 25 Millionen erschien angesichts der marktüblichen Transfersummen als echtes Schnäppchen. Spaniens führendes Sportblatt „Marca" bezeichnete den Deal als „Fehler von historischem Ausmaß". Und in Dortmund freuten sie sich wie Bolle, für schmales Geld einen echten Knipser bekommen zu haben, der ständig neue Bestmarken setzte.

Schicht im Schacht

Die letzte Zeche schließt

101

Der 21. Dezember 2018 war für das Ruhrgebiet ein besonderer Tag: In Bottrop schloss die letzte Zeche ihre Pforten, fortan gab es zwischen Rhein und Ruhr, Emscher und Lippe keine geregelte Förderung von Steinkohle mehr. Ein Industriezweig war Geschichte, der das Revier wie kein anderer geprägt hatte. Schicht im Schacht – daran muss man sich erst einmal gewöhnen. Schließlich gehören Kohle und Staub, Kumpel und Maloche zu dieser Region wie kaum etwas anderes.

Der BVB trug diesem Ereignis Rechnung, indem der Verein beim Heimspiel gegen Borussia Mönchengladbach ein spezielles Trikot trug. Statt des üblichen Sponsoren-Schriftzugs war an diesem Abend unter Flutlicht eine andere Botschaft zu lesen: „Danke Kumpel!"

Hans-Joachim Watzke fand die angemessenen Worte zum Ende einer Ära: „Der Bergbau hat unsere Region tief geprägt – ebenso wie der Fußball", erklärte der Dortmunder Geschäftsführer. „Jeder große Traditionsverein im Ruhrgebiet ist auf Kohle und Stahl geboren. Kohle, Stahl, Fußball und Bier gehören hier seit jeher zusammen und prägen unser Miteinander und unsere Kultur." Was bleibt, sind Industrie-Denkmäler, die heute Museen und Veranstaltungs-Gebäude sind. Und die Erinnerung an eine Epoche, die eine ganze Region nachhaltig veränderte.

Danke Kumpel: Mario Götze (links) und Marco Reus

Bildnachweis

Seite 2 imago/nordphoto; Seiten 8, 9, 19, 11, 12, 13, 15, 16, 19, 22, 23, 24, 26, 29, 30, 32, 34, 35, 38, 40, 43, 44, 48, 51, 52, 53, 54, 57, 60, 62, 63, 66, 67, 69 Sammlung Gerd Kolbe; Seite 25, 41, 45, 47, 49, 55, 59, 68,75, 77, 80,89 imago/Horstmüller; Seite 27, 36, 171 imago sportfotodienst; Seite 45 imago/Kicker/Metelmann; Seite 61 imago/Uwe Kraft; Seite 65, 73, 79, 90, 92, 97, 107, 119 imago/WEREK; Seite 70, 101 imago/Werner Otto; Seite 71, 103, 120, 125, 126, 129, 136, 154, 157, 160 imago/Sven Simon; Seite 80 imago/Kicker/Eissner; Seite 83 imago/Kicker/Liedel; Seite 85 Bruno Reckers; Seite 90 imago/Kruczynski; Seite 95 picture alliance/dpa; Seite 99 picture alliance/augenklick; Seite 104 imago/contrast; Seite 108 imago/AFLOSPORT; Seite 109 imago/ Thomas Bielefeld; Seite 110 imago images/HJS; Seite 113 imago/Presse-foto Baumann; Seite 115 imago/Kosecki; Seite 117 imago/Hartenfelser; Seite 122 imago/Brenneken; Seite 130 imago/Ulmer; Seite 133 imago/ Zink; Seite 135 imago/Avanti; Seite 138, 186 imago/Team 2; Seite 139 Schueler/Eibner-Pressefoto EP_JSE; Seite 141 imago/Hoch Zwei/Angerer; Seite 142 imago images / Mika Volkmann; Seite 144 imago/Norbert Schmidt; Seite 147 imago/T-F-Foto; Seite 149 Michael Budde; Seite 151 Andre Arendsee; Seite 153, 164 imago/Annegret Hilse; Seite 158 Petra Meschke; Seite 162 imago/ActionPictures; Seite 167, 169 imago/Ulmer; Seite 172 imago/DeFodi; Seite 174 imago/Ulmer/Teamfoto; Seite 176 Florian Groeger; Seite 179 Fanabteilung BVB; Seite 181, 188 imago/ Xinhua; Seite 183, 184 imago/Moritz Müller; Seite 187 imago images/ Jan Huebner; Seite 190 imago/Nordphoto

Danksagung

Ich bedanke mich bei Gerd Kolbe, dass er mir Zugang zu seinem um-fangreichen Archiv gewährt hat, beim BVB-Lexikon Fritz Lünschermann für manch guten Ratschlag, bei Daniel Berg für astreine Steilvorlagen, bei Florian Groeger, der mir nicht nur ein Kapitel geschenkt, sondern mich so lange gefragt hat, wann das Buch endlich erscheint, bis es erschienen ist. Bei Marc Steinert für fundierte und akribische Korrektur-hinweise und bei Christiane: Mit Dir an meiner Seite geht alles leichter!

Impressum

Verantwortlich: Lothar Reiserer
Produktmanagement & Lektorat: Marc Steinert
Korrektorat: Michael Dörflinger
Layout: BUCHFLINK Rüdiger Wagner
Repro: Cromika und LUDWIG:media
Herstellung: Vanessa Brunner
Printed in Slovenia by Florjancic Tisk

Sind Sie mit diesem Titel zufrieden? Dann würden wir uns über Ihre Weiterempfehlung freuen. Erzählen Sie es im Freundeskreis, berichten Sie Ihrem Buchhändler oder bewerten Sie bei Ihrem nächsten Onlinekauf. Und wenn Sie Kritik, Korrekturen oder Aktualisierungen haben, freuen wir uns über Ihre Nachricht an Geramond Verlag, Postfach 40 02 09, D-80702 München oder per E-Mail an lektorat@verlagshaus.de.

Unser komplettes Programm finden Sie unter  www.geramond.de

Bildnachweis Umschlag
Vorderseite: imago/Reviertoto
Rückseite: Sammlung Gerd Kolbe
Innenklappe vorne: imago images/Moritz Müller
Innenklappe hinten: imago images/PA images

4. Auflage
© 2025, 2024, 2023, 2020 GeraMond Media GmbH
Infanteriestraße 11a, 80797 München
ISBN 978-3-95613-079-3